頑張りすぎちゃう お仕事女子の心をラクにする68のこと

For girls working too hard, 68 things to make them feel better.

服部結子

あさ出版

はじめに

　あなたは、「毎日しあわせに暮らしたい！」「もっと楽になりたい！」そう感じたことはありませんか？

　それは、あなたの中に「私は私のことがすきじゃない……」「私ってダメだなぁ」と思う気持ちがあるからかもしれません。

　自分のことを責めるのではなく、ありのままの自分を認めることができるようになると、毎日を楽しく、心地よく過ごせるようになります。

　そうなるために必要なもの、それは【自己肯定感】です。

　今、「他人の目が気になる」「自信がない……」「自分のことを大切だって思えない」と、生きづらさを抱えて生きている、自己肯定感が低い女性が多くいます。

　私は、他人を気にしてしまう、自信がない、自分にダメ出しをしてしまう女性たちが、毎日をしあわせに、楽に生きることができるように、みなさんの自己肯定感を上げるお手伝いをしています。

　実は、私自身も昔、家族との関係が原因で自己肯定感がぐんと低くなり、そのせいで生きづらさを感じていました。自己肯定感が低いことによって（特に職場で）様々な困難を体験しました。

　生きづらくて苦しい毎日を送る中で、「このままじゃいやだ！」と強く思い、試行錯誤を繰り返して自己肯定感の低さを克服。その結果、自分のことを大切にできるようになり、フリーランスで働くことや大切な人といっしょに生きていくこと、本を出すという大きな夢を叶えることができました。

　今は、毎日がしあわせです。

この経験から、

「私と同じように自己肯定感が低くて仕事で苦しんでいる人のサポートをしたい！　しあわせになってほしい！」

　と思い、カウンセラーとして起業、Instagramで自分自身が経験したこと、思い、つらかったときの自分にかけてあげたい言葉などを投稿し始めました。

　すると、１年ちょっとでフォロワー数は６万人を超え、毎日のようにＤＭやメール、「いいね！」をいただくようになりました。

「当てはまりすぎて私のことだと思いました……」

「なんでそんなに私の気持ちがわかるんですか!?」

　そう言われることがとても多いですが、Instagramに投稿していることは、すべて私の体験談です。

　この本は、Instagramの投稿をもとに、毎日を頑張り、しあわせになりたいと願う方に届けたくて書きました。

「しあわせになりたい！　毎日楽しく過ごしたい！」

　その思いを叶えるために、覚えておいてほしいこと、実践してほしいことを詰め込んでいます。

　この本が、あなたのことを守るお守りのような存在になれたらとてもうれしいです。

　この本を読んだあなたの心がふっとゆるみ、明日からもっと自分のことを大切にできますように！

心理カウンセラー　服部結子

はじめに 2

ワクワクアイデアの使い方 10

Part 1 仕事

～自分らしく働く～

「もっと頑張らなきゃ!」と思っていませんか? 12

仕事ができなきゃいけないわけじゃない 14

仕事のハードルをちょっとだけ下げる 16

休みの日でも仕事のことで
　　頭がいっぱいになっていませんか? 18

「あなたがダメ」だからうまくいかないわけじゃない ... 20

「無理です!」って仕事で言えますか? 22

ミスを引きずり、なかなか立ち直れない
　　なんてことありませんか? 24

「もう無理……」そう思ったら、もう無理です 26

「心地よい」場所へ移動する 28

「仕事、辞めたい……」と思ったこと、
　　ありませんか? 30

「得意なこと」を仕事にするとうまくいく 32

「天職を見つけたい!」と思ったら 34

column1

最近よく聞く自己肯定感。自己肯定感って結局何? 36

Part 2 人間関係
～心地よい関係を築く～

誰かを頼ることができていますか? ……… 38

いつも誰かの目を気にしていませんか? …… 40

攻撃されたら泣き寝入りせず糧にする ……… 42

「お母さんなのにわかってくれない」
　そう思うとき、ありませんか? ……… 44

友達の数は少なくていい ……………………… 46

「何を話したらいいのかわからない」と
　悩んでいませんか? ……………………… 48

嫌いな人のことを考える時間は
　いちばんもったいない ………………… 50

誰からも好かれるのは、不可能です ……… 52

友達と自分をつい比べて、落ち込んでしまう … 54

家族のことをすきになれなくてもいいんです … 56

SNSに振り回されないためには? …………… 58

column2
なぜ自己肯定感は低くなってしまうの? ……… 60

Part 3 心のこと
～「あなたが」あなたを大切にする～

ずっと我慢していませんか?	62
「一人反省会」しちゃっていませんか?	64
罪悪感でつらくなっていませんか?	66
テンションが上がらなくてもいいんです	68
「こんなこと思う私って、最低」と思っていませんか?	70
「悪口」って言っちゃダメ?	72
「正しい反省」、できていますか?	74
「～じゃなきゃダメ!」は、あなたの思い込み	76
「漠然とした不安」から抜け出したいと思っていませんか?	78
自己肯定感の低さの原因、見つけてみませんか?	80
「しあわせになりたいなあ」と思ったら	82

column3
自己肯定感が低いとよくないの? ……… 84

Part 4 自分のこと
~「私」をすきになる~

誰よりも大切なのは「あなた」…………86

自分を大切にできなくて悩んでいませんか?………88

「自分のために」怒ること、できますか?………90

「本当は」は、自分にやさしくできる魔法の言葉…92

自分のことをきちんと褒めていますか?………94

褒められたら「素直に受け取る」ことが大切………96

しあわせを「自分から」遠ざけていませんか?………98

「心のよりどころ」をつくる…………100

充実した休日を送るために大切なこと…………102

あなたが「本当にすきなこと」、
　10個以上言えますか?…………104

「楽しい」「ワクワク」「夢中」は、
　理想の毎日への第一歩…………106

column4
自己肯定感は上げたほうがいいの?…………108

Part 5 恋愛
〜毎日を彩る〜

「かわいくない」から恋愛するのが怖いと
　　思っていませんか? ……………………… 110

「自分のことが嫌い」だと、ダメ男を見抜けない …… 112

あなたのことを大切にしない人は論外 ………… 114

「結婚したい理由」はなんですか? ………… 116

恋人や旦那さんがいないことに
　　劣等感を持っていませんか? ………… 118

元彼のことが忘れられないと悩んでいませんか? …… 120

「誰か私のこと、すきになってくれないかなあ」と
　　思っていませんか? ………………………… 122

王子様を迎えに行きましょう ………………… 124

恋人や旦那さんと仲よく過ごすためには? ………… 126

「恋愛なんて面倒」と感じるあなたへ ………… 128

「理想の相手」と出会うための2つの方法 ……… 130

column5
自己肯定感ってどうやって上げるの? ………… 132

Part 6 夢と理想
〜あなたが望む未来を叶える〜

「本当の夢」「理想の生活」が
　　わからなくなっていませんか? ………………134

「夢なんて叶わない」と落ち込んでいませんか? ……136

「夢」は「夢」のままだと叶わない ………………138

不安を感じてしまう「先のこと」は考えない ………140

「いやだ」は"今"を変えるための原動力 ………142

「やめときなよ」と言われて
　　落ち込んでいませんか? ……………………144

「才能があってうらやましい」と
　　思っていませんか? ………………………146

勉強したいけど何をしたらいいのか
　　わからないと悩んでいませんか? ……………148

夢を叶えるためには
　　「苦労が必要」なわけではない ………………150

夢を叶えるって、地味なこと ………………152

最高の夢を持っていますか? ………………154

「夢」を叶えるために大切なこと ………………156

おわりに …………………158

毎日を穏やかに楽しく過ごすためには、
自分を大切にすることが大切。

自分を大切にする方法の1つが、
自分をワクワクさせてあげることです。

でも、ワクワクすることをするといっても、
なかなか思いつかなかったり、
ネタ切れになってしまうときもありますよね。

そんな方のために、この本では各項目の
右下に「ワクワクアイデア」をつけました。

悲しいとき、落ち込んだとき、
自己肯定感が低くなってしまっているとき、
自分にご褒美をあげたいとき、気が向いたとき……。

あなたが「ワクワクしたい!」と思ったとき、
ぜひ活用してくださいね。

順番どおりにやってみてもいいし、
パッと開いた項目をやってもよし!

使い方はあなた次第です♪

ワクワクすることをして、たくさん自分のことを
喜ばせてあげましょう♡

Part 1

仕事

~自分らしく働く~

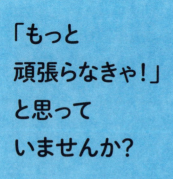

あなたは、
「もっと仕事を頑張らなきゃ！」と
"頑張ること"を
目的にしていませんか？

「成果を出すためにもっと頑張らなきゃ！」
「できないのは、まだ頑張りが足りないからだ！」
こんなふうに、"もっと、もっと"と
自分にプレッシャーをかけ続けていないでしょうか？

＊＊＊

学生時代、毎日どんなに部活を頑張っても、
全員が全国大会に出場することができなかったように、
仕事も、頑張ったら必ず成果が出る
というわけではありません。

もし、
「一生懸命、頑張っているのに
なんだかうまくいかない……」
と感じるのであれば、
やり方や手段にズレがあるのかもしれませんし、
そもそも、その仕事内容や環境が
どうしてもあなたに合っていない
ということだってあるのです。

＊＊＊

あなたが「もっと頑張らなきゃ！」と思うのは
今、「仕事を頑張っているからこそ」。
あなたはもう十分すぎるほど、頑張っています。

たくさん頑張っているのに、
プレッシャーを感じて「もっと、もっと！」と
頑張ること自体を目的にして走り続けてしまうと、
あなたの心や体力がすり減り、疲れ切ってしまいます。
そうなる前に、誰かに相談したり、
頑張っているあなた自身のことをしっかり褒めて、
きちんと休みをとってくださいね。

大事なことは、
「自分を大切にしながら」
仕事ができるようになることです。

 お気に入りのワンピースを着て、ＳＮＳで見つけた話題のお店に行く♪

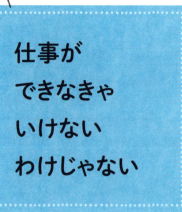

あなたは、
「仕事ができなきゃいけない」
「結婚しなきゃいけない」
「家事をしなきゃいけない」
というふうに、「〜しなきゃいけない」と
自分を追い込んでいませんか?

でも、少し考えてみてください。
それって、誰が言ったのでしょうか?

＊＊＊

「〜したい」ではなく「〜しなきゃいけない」というのは、
自分以外の誰かの言葉です。
あなたがもし「〜しなきゃいけない」と
思うことがあるのなら、それは誰かによって
知らず知らずのうちに刷り込まれた思い込みです。

「〜しなきゃいけない」なんてものは、
実はありません。

私たちは、本当はもっと自由に考え、
自由に行動していいのです。
もっともっと、
あなたのすきなように
毎日を過ごしてもいいのです。

　　　　　＊＊＊

「〜しなきゃいけない」が癖になってしまうと、
毎日が苦しくてつらいものになってしまいます。
なんのために毎日頑張っているのかわからなくなり、
心に穴があいたような虚無感を
感じてしまうようになります。

「〜しなきゃいけない」という言葉が
頭に浮かんだときは本当にそうなのか、
一度立ち止まって考えてみましょう。

せっかくの一度しかない人生です。
あなた自身がつらくなるような考え方や行動はやめ、
しあわせに生きていきましょうね。

ケーキ屋さんでケーキをたくさん買って、一人で食べちゃう。
明日調整すると決めて、カロリーは気にしない♪

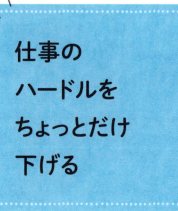

仕事のハードルをちょっとだけ下げる

あなたは、
「体がつらい……」
「仕事いやだな……」
「休み明けだから行きたくないなあ」
と仕事に行くのがつらいときはありませんか？

体調が悪いときや休み明け、落ち込んでいるときなど、
仕事に行くのがどうしてもいやなときがありますよね。
そんなときは、
「最低限のことができたらＯＫ！」と
仕事のハードルをちょっとだけ下げちゃいましょう。

＊＊＊

・朝、きちんと起きることができた
・遅刻しなかった
・あいさつができた

こんな簡単なことでも、
「つらいなあ、行きたくないな」と思っていたのに
その気持ちを我慢して、
起きて、身支度をして、ご飯を食べて
会社まで出勤したのですから、
あなたはそれだけで褒められていいのです。

いつも元気で仕事に行く、いつもニコニコする、
なんてできなくて大丈夫。
行きたくないときがあるのは、
悪いことでも、おかしいことでもありません。

　　　　　　＊＊＊

どうしても「仕事行きたくないなあ」
「つらいなあ」と思ったら、
そんな自分を奮い立たせるのではなく、
「今日は遅刻さえしなかったらいいや。
遅刻せずに行けたら、自分を褒めてあげよう！」
というふうに、
仕事に対するハードルをちょっとだけ下げてあげる。
試してみてくださいね。

頑張れるときに頑張ったらいいのです。
どんなときも自分の
いちばんの味方でいてあげてくださいね。

 休みの日の朝ご飯を、音楽を流しながらゆっくり食べる♪

休みの日でも仕事のことで頭がいっぱいになっていませんか?

あなたは、休みの日や、
友達や恋人と会っているときでも
仕事のことが頭から離れず悶々としていませんか?

仕事が大切で一生懸命なあなただからこそ、
そう思ってしまうのですよね。
仕事と真摯に向き合う姿勢はとても素晴らしいです。
ですが、せっかくの休みの日にも
仕事のことが頭から離れないとなると、
疲れてしまいますよね。

＊ ＊ ＊

休みの日は、「休むこと」が仕事です。
「休日」は、出勤日に仕事を効率的に行うために
必要とされている立派な「休むべき日」なのです。
「休むのも仕事のうち」。

18　　Part 1　仕事〜自分らしく働く〜

本当に、この言葉のとおりです。
頭では十分わかっているけど、それでも考えちゃう……。
そんなときの解決方法をご紹介します。

1つは、
いやでも夢中になってしまい、
仕事のことを考えなくてすむことを行うこと。

もう1つは、
「今、考えてもどうにもならないから、
出勤日に考えよう！　今日は休みを楽しむ！」
と開き直ってしまうことです。

＊＊＊

ずっと悶々と考えていてもせっかくの休みに
しっかり休めずに1日が終わってしまうだけ。
考えるだけなら、いっそのこと、
別のことに夢中になったり、開き直って
精神的に楽になっちゃいましょう。

それでも難しいときは、今の不安や心配事を
「紙に書いて」みるのもおすすめです。
気持ちをアウトプットするだけでも楽になりますし、
書くという行為自体がストレス解消にもなりますよ。

 朝ご飯のためのちょっといい食パンを買いに行く。ちょっと高価なジャムやバターもセットで♪

「あなたがダメ」だからうまくいかないわけじゃない

あなたは、
仕事で何かうまくいかないことがあったとき、
「私がダメだから失敗したんだ……」
「すべて自分が悪かったんだ……」と
自分を責めていませんか？

でも、失敗やうまくいかなかったことは、
「あなたがダメだから」
起きたわけではないのです。

* * *

もしかすると、直接的な原因やきっかけは
あなたにあったかもしれません。
そうであったとしても、
「あなた自身がダメだから」
引き起こされたわけではないのです。

うまくいかなかったり、失敗したときに
自分のことを責めてしまうのは、
あなたがその仕事に一生懸命頑張って取り組んだからこそ。
頑張って、精一杯取り組んだ上で起きてしまったことは、
決して「あなたがダメだから」
起きたわけではありません。

精一杯やった上での
失敗やうまくいかなかったことは、
「いずれ必要になる学び」です。
失敗したら、それを未来で活かせるよう、
思考を切り替えるようにしましょう。

＊＊＊

失敗した直後は
ショックで何も考えられないかもしれません。
でも、長い目で見たとき、いつか必ず
「あの失敗が今、活かされているな」
と思うときがやってきます。

それまでは、
「今はわからないけど、これも必要な失敗なんだ」
「未来に必要となる知識になったんだ」
と、自分に言い聞かせ、
前向きに受け止めてあげるようにしましょうね。

ワクワク　今日は誰ともつながらないと決めて携帯の電源を切っちゃう♪

「無理です!」って仕事で言えますか?

あなたは、自分の仕事でもう手一杯で
メンタルもいっぱいいっぱいのとき、
「○○さん、これもお願い!」
と新たに仕事を頼まれたら、断ることができますか?

「私、もう無理です、ごめんなさい!」
なかなか言えないですよね。
やさしいあなたは、
「○○さんも忙しいから、仕方ないよね」
そう思って、無理して引き受けてしまうかもしれません。

＊ ＊ ＊

他人の気持ちや状態がよくわかるからこそ
「やらなきゃ」「力になりたい」と思うのは
とてもよくわかりますし、
素晴らしいことです。

ですが、「あなた自身」はどうですか？
あなたは無理していませんか？

無理なら無理と言っていいのです。
言わないと誰も気づいてくれません。
「ごめんなさい！　これ以上は無理です！」
そう伝えることは、未熟で能力が低いから、
ということにはなりません。

無理だときちんと伝えることは、
自分のキャパを知っていて、
頼まれたことを引き受けることによって、
反対に他の人に迷惑をかけることがあるかもしれないことを
冷静に判断できるからこそ言える言葉なのです。

＊＊＊

あなたが無理をして倒れてしまったら
困る人、心配する人がたくさんいるはず。
その人たちのためにも、
「ごめんなさい、今は無理です、手一杯です！」
そう言える強さを持てるといいですね。
しっかり自分のことを守っていきましょうね。

 お風呂場に漫画を持ち込んで、半身浴しながら読みふける。泣いても全然問題なし♪

ミスを引きずり、なかなか立ち直れないなんてことありませんか？

あなたは仕事でミスをしたとき、
落ち込んでなかなか立ち直れない
なんてことがありませんか？

本当はすぐに立ち直って元気になりたいのに
いつまでも引きずってしまい、
そんな自分に対して、さらにまた落ち込んでしまう……。
このような悪循環に陥ってしまうことがあると思います。

* * *

ミスをしたことをずっと引きずってしまうのは、
「あなた自身が」ミスをしたあなたのことを
責めてしまっているから。
なかなか立ち直れない、そんなときは、
次の3つのステップを踏んでみてください。

ステップ1。
「できたこと」に目を向ける。
「締切を守ることができた」「資料をまとめることができた」
など、ミスをしてしまっていても
必ず「できている部分」はあるはずです。

ステップ2。
「改善点のみ」を考える。
このとき、「私がダメだから」と思う必要はなく、
あくまでも、そのミスを客観的に見たときの
「改善点」です。

ステップ3。
「ミスしちゃったけど、私、頑張ったよね」と
あなたの頑張りを「あなたが」認めてあげる。
あなた自身の頑張りを認めてあげることで、
必要以上に自分を責めることを
やめることができます。

＊＊＊

ミスは心に余裕がないときに起こりやすいもの。
余裕を取り戻すためにも、
必要以上に落ち込まず、
頑張った自分を認めてあげたら、
改善点を見つけて次に活かしましょうね！

プレゼントしてもいいと思えるボディクリームを自分のために
買う。たっぷり使ってマッサージする♪

あなたは、
「私、もう無理……」と思っても
頑張り続けてしまっていませんか?

「もう無理なんだけど、動けちゃうんだよね……」
「休みたいけど、やれちゃうんだよなぁ……」
仕事がよくできて能力の高い人ほど、
このような傾向があります。

ストイックに頑張ることができるのは
あなたの長所ですし、素晴らしい能力です。
仕事がよくでき、能力が高く、
周囲のことがよくわかるあなただからこそ、
「休んだら迷惑かけちゃう」
「納期近いし頑張らなきゃ」
と思ってしまうのですよね。

でも、いつも頑張っているあなたの心と体が
「もう無理」と感じたのなら、
その声に従って、休んでください。
「あ、私、つらいんだな」と
そう素直に受け止めてあげてください。

ここで頑張り続けてしまうと、
いつか必ずガタがきます。
「私は大丈夫！」
そう思っている人こそ、危ないのです。

＊＊＊

同じ量の仕事をしている他の人が大丈夫でも、
あなたが「無理だ」と感じたら、
その気持ちは大切にすべきです。
仕事は休めなくても、いつもより早く寝る、
豪華な食事をする、お風呂に長く入る、マッサージに行く。
あなたが「あなたのために」
してあげられることはたくさんあります。

仕事よりも何よりも、
あなたの心と体がいちばん大切。
そのことを忘れないでくださいね。

ヒトカラに行って熱唱！　音痴でも、下手でも、思いっきり
歌ってストレス発散♪

「心地よい」場所へ移動する

あなたは、
「今の職場がつらい……」
「辞めたら逃げたって言われるかな……」
と、今いる場所につらさを感じつつも、
辞めることに罪悪感を持っていませんか?

＊＊＊

辞めたら逃げたって思われちゃうのがいや。
申し訳ないし、情けない。
そう思ってしまう気持ちはとてもよくわかります。
でも、今の場所から
「あなたが楽になれる場所」に移動することは、
ちっとも悪いことなんかじゃありません。

「自分にとって居心地がいい場所」に移動することは
あなたの心を安定させることにつながります。

つまり、**毎日の生活の質をよくし、**
しあわせに生きるために必要なことなのです。

＊＊＊

会社を辞めるということは、
あなたがいる場所を変えるというだけ。

「逃げたって思われるんじゃないかな」
そう思う気持ちもあるでしょう。
でも、今後、関わりのなくなる人たちを気にして
毎日つらい思いを抱えながら過ごすのは
とてももったいないことです。

大切なのは、
「あなたの心と体が楽で、しあわせであること」。
罪悪感も、申し訳なさも考えなくて大丈夫。
「あなたの心と体」を最優先しましょう。
もし、今あなたの心と体が限界なら、
あなたにとって、
もっと楽で心地よい場所を探して
移動しましょうね。

休みの前日、録りためたドラマを観る。そのまま寝落ちしちゃってOK。朝、気が向いたらモーニングを食べに外へ♪

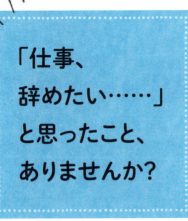

「仕事、
辞めたい……」
と思ったこと、
ありませんか?

あなたは今、
「仕事、辞めたい……。もう無理」
と思っていませんか?
でも、いざ仕事を辞めるとなると、
なかなか決心がつかなかったり、
不安で怖くなってしまったりしますよね。
そんなとき、少しでも楽になる方法をご紹介します。

それは、「退職届を書くこと」。
退職届に必要なもの、書き方を調べて書いてみる。
ただし、日付の部分だけは書かずに。
退職届を書くことによって、
「いつでも辞められる」という安心感が生まれ、
それだけで気持ちがぐっと楽になります。

* * *

辞めるためには何ヶ月も前に言わなきゃいけないと
思っている方が多いですが、
退職届の提出から2週間で、
会社を辞めることは可能です。
必ずしも、
「数ヶ月かかる」
「上司の意見を聞かなきゃダメ」
なんてことはありません。
その2週間も有休を使うことができますし、
もし心療内科の診断書があれば
職場に行かなくても退職できます。

＊＊＊

退職届を書くことで、
「いざとなればこれを出したらいい」と思え、
それが、心のよりどころ、お守りになります。

「職場に迷惑かけちゃうんじゃないかな」
と思う気持ちから
辞めたいけど踏み出せないときは、
ぜひ一度、退職届を書いてみてくださいね。
きっと、それはあなたの心と体を守ってくれるはずです。

仕事を家に持ち込まず、思いきり遊ぶor休むと決める！　強制的に仕事ができない環境をつくる♪

「得意なこと」を 仕事にすると うまくいく

あなたは、
「ストレスなく仕事したい」
「仕事で憂鬱になりたくない……」
と思ったことはありませんか？
1日の中で仕事が占める時間はとても多いですし、
心地よく仕事ができたら……と思いますよね。
あなたが今、
本当にやりたい仕事がないのであれば、
「あなたの得意なこと」を仕事にすることを
おすすめします！

＊＊＊

得意なことというのは
「あなたがまったく苦労を感じずに、
普通の人よりも簡単にできてしまうこと」です。

例えば、
・文章を書くのが苦じゃなく、他の人よりも速い
・人の話を聞くのがすきで、聞き上手とよく言われる
・手先を使うことなら何時間でも集中できる
・料理をつくるのがすきで、新しい料理をよく思いつく
・英語がすきで、洋画を字幕なしで見るのが普通
など。

あなたが何気なくやっていることが、
他の人には簡単にできないということが
実は多くあります。
「あなたが苦労を感じずにできてしまうこと」
というのはあなたの才能です。

＊＊＊

「得意なこと」を仕事にすると
難なくこなせるのでストレスがかかることも少なく、
仕事がうまくいく可能性がとても高いのです。

周りの人たちに、
「私が簡単そうにやってることって何かある？」
「私って何が得意そうに見える？」
と聞いてみるのもいいですね！
毎日楽しく仕事をするためにも、
「あなたが得意なこと」をぜひ探してみてくださいね♪

　「自分だけが使うマグカップ」を素敵なブランドのものに♪

「天職を見つけたい!」と思ったら

あなたも、一度は
「私にいちばん合う仕事ってなんだろう?」と、
思ったことがあるのではないでしょうか?
毎日楽しくてワクワクする日々を送りたい。
やりがいを持って仕事をしたい。
「天職」を見つけたい。
そう思ったことはありませんか?
では、どうしたら「天職」は見つかるのでしょう?

* * *

その方法は、探し続けることです。
「私に向いている仕事、やりたいことってなんだろう?」
情報を集め、自分のことを見つめ続けるのです。
得意なこと、すきなこと、できること、
やりたいこと、簡単にできちゃうこと……。
あなたにとって、それはなんですか?

「すきなケーキは何ですか？」と聞かれたときに
「チーズケーキです」と答えられるのは、
たくさんの味を試したからですよね。
仕事も同じです。
探して試して、また探して試してみるのです。
試したことが違っていても大丈夫です。
違ったら、またもと来た道を戻ればいいだけ。
何事も経験しなきゃわかりません。

＊＊＊

探すときのコツは、
得意なことやすきなことを知ることも大切ですが、
「あなたが苦手なこと・嫌いなこと」を
はっきりさせることも大切です。
少なくとも、苦手なこと、嫌いなことを
避けることができます。

得意なこと、すきなことがわからなくても、
苦手なことや嫌いなことはわかるものです。
まずはノートにすきなこと、得意なこと、
苦手なこと、嫌いなことを書き出してみてくださいね。

仕事は1日の3分の1を占めます。
あなた自身の幸せのために、
あなたに合う仕事を、探し続けていきましょう！

デリバリーサービスを使って料理を注文する。待っている間は
テーブルを片付けてランチョンマットを用意する♪

column 1

最近よく聞く自己肯定感。
自己肯定感って結局何？

　自己肯定感とは、「失敗しても、不器用でも、どんな私でも、私は私がすき。ありのままの私でいい！」と思える感覚のことです。
　自己肯定感が低いと、
◇自分のことを責めてしまう
◇他人の評価や他人の目が気になって仕方ない
◇恋愛で変な人に引っかかりやすい
◇人に気を遣いすぎて、どっと疲れてしまう
など、生きづらさを抱えて生きていくことになります。
　自己肯定感が低いことで、仕事も恋愛も家族関係もうまくいかない、ということは非常によくあることです。
　反対に自己肯定感が高い人は、自信があり、自分のすきなこと・やりたいこともはっきりしていて、夢を叶え続けることができます。失敗することがあっても自分を責めたりしないので、必要以上に落ち込まず、立ち直りも早いです。

　今は「人生100年時代」。仮にあなたがアラサーと呼ばれる年代だとしたら、残された時間は70年ほど。その時間を自己肯定感が低いがために自分のことをすきになれず、他人を気にしてビクビクしながら生き続けるのと、「私は私のことがすき！」と心から言え、毎日を楽しく生きるのとでは、どちらがよいでしょうか？
　自己肯定感は必ず上げることができます。
　今まではその方法を知らなかっただけ。この本では、自己肯定感を上げる秘訣をたくさん紹介しています。
　大切なのは「行動すること」です。この本を読んで「いいな」と思ったことは、ぜひ行動に移してみてください！

36　　Part 1　仕事〜自分らしく働く〜

Part 2

人間関係

〜心地よい関係を築く〜

誰かを頼ることができていますか？

あなたは誰かに頼ることができていますか？
仕事もプライベートも
何もかも一人で抱え込んでいませんか？

＊＊＊

「弱いところを見せたくない」
「頼ったりするのは負けだと感じる」
「仕事ができないって思われたくない」
「一人でやらなきゃ」
「本心を見せたくない」
いろんな思いがありますよね。

ですが、「頼る」「助けを求める」ことは、
「負ける」「弱い」「仕事ができない」ことと
イコールではありません。
「頼ること」って、実は素晴らしい行動なのです。

あなたは、
一人でいつも頑張っている友人や職場の人から
「助けてほしい」と頼りにされたら、
どう思いますか？
うれしいのではないでしょうか？

人は誰かの役に立ちたいと思う生き物。
だから、あなたが誰かを頼ることは
「負ける」「自分の実力不足を認める」ことではなく、
「頼った人を喜ばせる」ことになるのです。

＊＊＊

頼ることは、誰かの役に立つこと。
頼ることは、仕事の効率をよくすること。
素敵な、素晴らしい行動ですよね。

それをしっかり頭に入れて、
明日誰かに、
「力を貸してほしい」「助けてほしい」
と言ってみましょう。
まずは小さなことから。
自分のためにも周りの人たちのためにも、
しっかり、ありがたく、頼らせてもらいましょう。

 自分のためにすきな花＆色で少しだけ大きめの花束をつくって
もらう。その花束を部屋に飾る♪

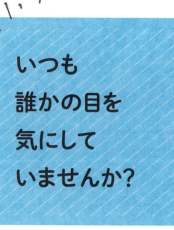

いつも誰かの目を気にしていませんか?

あなたは仕事でもプライベートでも、
「○○さんにどう思われるかな」
「これをしたらなんて言われるかな」
と、いつも誰かの目や他人の目を気にしていませんか?

自分に自信がない、
誰かの意見に合わせたほうが安心できるから、
と思ってしまう気持ちはよくわかります。
でも、本当に大切なのは
「誰かの意見」ではなく、
「あなたがどう思うか」です。

* * *

誰かの意見を大切にしすぎると、
だんだん「あなたの意思」がなくなり、
何をしても楽しくなくなってしまいます。

そんなの、いやだと思いませんか？
どうせなら楽しく、毎日をしあわせに暮らしたいですよね。
今すぐに他人のことを
気にしなくなるようになるのは難しいでしょう。
だからこそ、ちょっとずつでいいので
「自分はどう思うか」を大切にしてあげてください。

どこかに誘われたとき、
「私、本当に行きたい？」と、
あなた自身に聞いてあげましょう。
「何が食べたい？」「今、どんな気持ち？」と、
常に「あなたの心」に問いかけてみるのです。

＊＊＊

「○○さんはどう思うかな」と考えるのは
他人を気にして、
あなた自身の行動を制限してしまいます。
あなたの人生は
誰かのものではなく、あなたのものです。

「あなた自身がしあわせになるために」
あなたの心の声を常に意識してあげてくださいね。

 手づくりキットを使って、指輪をつくってみる。初心者用なら
意外に簡単♪

攻撃されたら泣き寝入りせず糧にする

あなたは誰かに
ひどいことを言われたり攻撃されたときに、
「どうせ私なんて……」
「あの人にまたひどいことを言われた……」
と、泣き寝入りしていませんか?

もちろん悪いのは、
「攻撃してくる人」です。
あなたは「まったく!」悪くありません。
でも、やられっぱなしで何もできず
ただ一人、真っ暗な部屋の中で泣いているだけで終わる
なんてなんだか悔しくないですか?

あなたを攻撃してきた人は攻撃したことを忘れ、
あなたが泣いて落ち込んでいるとき、
ケラケラ笑い、ぐっすり眠っていることでしょう。

攻撃されたこと、ひどいことを
やり返す必要はありません。
「あなたがその攻撃を受け、どう思ったか」
「何を学んだのか」
を忘れないようにしましょう。
攻撃されたことを自分自身の学びにし、
今後の人生に活かすのです。

＊＊＊

「こんなことを言ったら傷つくんだな」
「こういう歳の重ね方はしないようにしよう」
攻撃されたことも、いやなことを言われたことも
全部あなたの糧にしていきましょう。

そうすることで、
傷つけられたあなたはいずれ、
同じ思いをした人に向けて
やさしい言葉をかけられるようになります。

あなたの言葉が支えとなる人は必ずいます。
いつかあなたと同じ思いをするかもしれない
大切な人のために、
誰かに傷つけられたときはそこから学びを得て、
あなたの人生の糧にしましょうね。

 子ども向けのアニメを観てみる。登場人物の誰も傷つかないので、観ていて心が楽になる♪

「お母さんなのに
わかって
くれない」
そう思うとき、
ありませんか?

あなたは、
お母さんに何か相談をしたとき、
反対されたり、傷つくことを言われ、
「お母さんなのに……」と
友達に言われる以上に
悲しくなったり、落ち込んだり、
心がすごく乱されたりすることはありませんか?

＊ ＊ ＊

「だいすきなお母さんだからこそ、わかってほしいのに……」
そう思ってしまいますよね。
でも、いくら「お母さん」だからといって、
あなたのことをすべて理解し、
わかってくれるわけではありません。
だって、あなたとは違う人間だから。
お母さんといっても「あなた以外の別の人」。

冷たい言い方をすると、
母親であっても他人なのです。

＊＊＊

なので、
「全部わかって！」
「私のこと、私以上に理解してやさしい言葉をかけて！」
というのは、少し無理があります。
お母さんも、一人の人間。
わかり合えないときや
思ったような言葉をかけてくれないときがあって
当然です。

お母さんも悪気があって
強い言葉を使ってしまうわけではありません。
ただ「心配」で、「わからない」のです。
あなたのことを理解したい、応援したいとは思っていても
心配でわからないからこそ、
強い言葉を使ってしまうときがあるのです。

「お母さんも他人。
だからわかってもらえないときもある」
と、あなた自身がそう捉えてあげるだけで、
気持ちはずいぶん楽になりますよ！

何もない日にいいホテルでホテルステイをしてみる。上質な空間で過ごす時間は格別！　リッチにルームサービスも♪

友達の数は少なくていい

あなたは、仲のいい友達がＳＮＳで
自分の知らない仲間たちと
楽しそうに写っているのを見て、
「○○ちゃんは友達が多いなぁ……。
それに比べて、私ってほんと友達少ないなぁ」
と落ち込んでしまうことはありませんか？

＊＊＊

どうしても目がいくのは、
「友達が多い」ことだと思います。
けど、友達ってそこまで必要ありません。
なんでも話せる存在が一人いたら十分です。

女性は特に、
仕事・結婚・妊娠・出産と
ライフステージが変わりやすいですよね。

お互いのステージが変わると、
・小学生の頃から仲がよかったのに、疎遠になった
・10年いっしょにいたのに連絡がこなくなった
・旅行にも行った仲なのに、結婚したらそっけなくなった
なんてこと、しょっちゅうです。

　　　　　　　　＊＊＊

女性は仲間意識が強く、
自分と同じ状況にいる人といることで
安心感を覚えます。
だから、どちらかのステージが変わってしまうと
必然的に心の距離感が生まれてしまうのです。

そこから、
嫉妬する、話が合わない、都合がつかないといった
すれ違いが起きてしまいます。
私たちが欲しいのは
どんな状態であっても、久しぶりに会っても、
気兼ねなくなんでも話せる、安心できる友達ですよね。
だから、友達は「数」を重視するよりも、
「本当にあなたが心を開けるかどうか」
を重視することのほうが大切です。

心を開くことのできる友達が一人いたら十分です。
その一人を大切にしてくださいね。

仕事で使うかわいい文房具を選びに行く。妥協はせずに、選び抜く♪

「何を話したら いいのか わからない」 と悩んで いませんか?

あなたは、
「職場の人とうまくやっていきたいな」
「初対面の人とも仲よくなりたいな」
そう思っていませんか?

でも、いざ話そうとすると、
どんなことを話していいのかわからない……。
そんなときの、ちょっとしたコツをご紹介します。

＊ ＊ ＊

それは、
「あなたが先に簡単な自己開示をし、
そのあとに聞き役に徹する」こと。
あなたが先に自己開示をすることによって
相手は警戒心を解きやすくなります。

続けて、「○○さんの話、聞きたいです！」と
好意的に話を聞く姿勢をとると、
それだけで好感を持ってもらうことができます。

＊＊＊

聞くときのポイントは、
「相手が話したい」内容をたずねること。
「あなたが」聞きたいことではなく、
「相手が」話したいと思っていること。
つまり、「相手が喜んで話してくれる内容」を
聞くことが大切です。
・相手がプライベートで時間を使っているもの
・お金をかけているもの
・相手の持ち物
など、普段から観察して、
相手の関心が高いものについて聞きましょう。

「来年の手帳を探してるんですけど、
○○さんの手帳かわいいですね！　どこのですか？」
「うちの子は２歳の女の子なんですけど、
○○さんのお子さんはおいくつですか？」
と、さらりと自己開示を行ってから話題を振り、
そのあとは聞き役に徹しましょう。
人間は自分のことを話したい生き物です。
話を聞くだけでも、距離はぐっと縮まりますよ。

「いつか住みたいな〜」「欲しいな〜」「行きたいな〜」と思うと
ころやもののパンフレットを取り寄せる♪

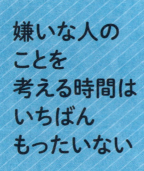

嫌いな人の
ことを
考える時間は
いちばん
もったいない

あなたには、
嫌いな人や苦手な人はいますか？
反対に、あなたのことを嫌っている人はいるでしょうか？
その人のことを少しでも考えてしまうと
心が滅入り、憂鬱になってしまいますよね。

「あなたが嫌いな人」「あなたを嫌う人」とは、
よほどのことがない限り、
これからいい関係を築くのは難しいでしょう。
だって、嫌いになってしまったのですから。

＊＊＊

「嫌いな人」「嫌われている人」のことを考えても
気が滅入り落ち込んでしまうだけ。
時間がもったいないだけです。

そんなことよりも、
・今日の晩ご飯、何にしよう?
・週末、あの本読もうかな!
・昨日読んだ漫画、最高だったな〜!
・この服かわいい♡
といったような、
あなたの気持ちがほっとし、
ワクワクすることを考えるほうが
毎日をしあわせに過ごすためには大切なことです。

＊＊＊

「嫌いな人」「嫌われている人」のことを考えても、
その人のことを思いどおりに
コントロールすることはできません。
だから、考えても疲れてしまうだけ。
あなたの心が滅入ってしまい、
落ち込んでしまうだけです。

嫌いな人のことを考えそうになったら、
「時間がもったいない」と気持ちを切り替え、
「あなたが楽しめること」をして、
あなたの大切な時間を、あなたのために
有意義に使いましょうね。

 休みの前日、お菓子を買い込んで、明日は一歩も外に出ないと
決める。インターホンが鳴ってもいないふり♪

あなたは、
「好かれたいなぁ。みんなから愛されたいなぁ」
と思ったことはありませんか?

「あの人は誰からも好かれ、愛されていていいなぁ、
うらやましい……」
そう思う気持ち、とてもよくわかります。
人間はみな、
「誰かに必要とされたい。認めてほしい」という欲求を
生まれながらに持っています。

でも、全員に好かれるのは絶対に不可能なんです。
あなたがうらやましいと思っている「あの人」だって、
すべての人に好かれているわけではありません。

* * *

２：６：２の法則を知っていますか？
あなたの周りに10人の人間がいたら、
・そのうちの２人はあなたのことがすき
・そのうちの６人はあなたのことがどうでもいい
・そのうちの２人はあなたのことが嫌い
という法則です。

つまり、どう頑張っても
10人中８人にはそこまですきになってもらえない
ということです。
それなら、
確実にあなたのことをすきでいてくれる２人を
大切にしたほうがいいと思いませんか？
だって残りは、
「嫌われるか」「どうでもいいか」ですもん。
これは、よっぽどのことがない限り変わりません。

＊＊＊

あなたのことを無条件に嫌う人は必ずいます。
でも、あなたのことを
無条件に大切に想ってくれる人も必ずいるのです。

これからは、あなたのことを想ってくれる人を
大切にして生きていきましょう。

 目覚まし時計をかけずに好きなだけ寝る♪

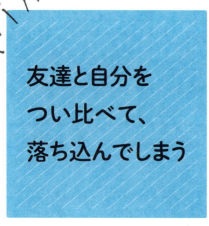

友達と自分をつい比べて、落ち込んでしまう

あなたは、
「○○ちゃん、子ども産まれたんだ。
私なんて彼氏もいないのに……」
「○○ちゃん、家建てたんだ……」
「○○ちゃん、ハワイ行ったのか。いいなあ……」
と、落ち込んでしまうことはありませんか？

***

そう思ってしまうのは
無意識のうちに自分と友達を比べているからです。
友達と比べることがなければ、
「○○ちゃん、子ども産まれたんだ！　へえ〜！」
「さて、週末、なんの映画見ようかな♪」
と、特に心が乱されることはなく、
ダメージを受けることもありません。
なのに、なんで他人と自分を比べてしまうのでしょうか？

それは、知らず知らずのうちに
「友達のようにできていない自分に
ダメ出しをしてしまっているから」です。
とても悲しいですよね。

＊＊＊

自分にダメ出しをしないためには、
「あなたが」すきなこと、
「あなたが」しあわせなこと、
「あなたが」楽しいと思えることを、たくさんすること。
あなたが「あなたのこと」でいっぱいになって、
自分をすきだと思えるようになること。
これがいちばん大切です。

あなたがあなたのことを喜ばせ、楽しませる。
そんなふうに自分のことで一生懸命になると、
自分にダメ出しなんてしないくらい、
自分のことをすきになっていきます。
また、他人のことを気にする暇もなくなります。

あなたをしあわせにしてあげられるのは
あなただけ。
自分次第で、あなたはいくらでもしあわせになれます。
友達と比べそうになったときは、
目一杯、自分のことをしあわせにしてあげましょうね！

 1粒数百円の高級チョコレートを口いっぱい頬張る♪

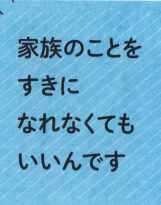

家族のことを
すきに
なれなくても
いいんです

あなたは、
「思春期でもないのにお父さんと話すのがいや」
「お母さんのことがすきじゃないなんてダメだよね」
「おばあちゃんのことを許せないなんてひどい孫だよね」
と、家族に対して
ドロドロとした感情を持つ自分の気持ちに蓋をして、
一人で悩んでいませんか?

***

こうして悩んでしまうのは
あなたの性格が悪いからでも、
心が狭いからでもありません。
家族に対してそういった気持ちを抱いてしまうのには、
それ相応の「抱いてしまう理由」があります。
「そう思ってしまうくらいのことを経験したから」です。

昔ひどいことを言われた、きょうだいと比べられた、
脅された……。
過去の経験によってついた傷が残っていて、
今のそのドロドロした気持ちが生まれているのです。

なので、そんな気持ちを抱く
自分を責める必要はありません。
無理にすきになろうとか、
仲よく話そうと思う必要もありません。
嫌いなままでも、許せないままでもいいのです。
「家族がすきになれない」というあなた自身を
責めないであげてくださいね。

＊＊＊

どうしても今の状況が苦しい場合は、
家族と距離をとることをおすすめします。
連絡を控える、関わりを減らすといったことは
関係をよくするための１つの手段です。

いつかあなた自身が
「お父さん、お母さん、おばあちゃんも大変だったんだな」
と心から理解できたとき、
す〜っと楽になるときがやってきます。
そのときまでは、傷ついたあなたがいるということを
認めて、責めないであげてくださいね。

 一泊旅行に行ったと思って、その資金で丸一日、近場で贅沢を
する♪

SNSに振り回されないためには?

あなたは、
「SNSはやってるけど、コメント返しとか疲れる」
「アップするとき、考えなくていいことまで考えちゃう……」
「楽しそうな友達の姿を見るとうらやましい……」
と、SNSに疲れていませんか?

＊＊＊

SNSはいつでも人とつながることができ、
情報収集もできるのでとても便利ですが、
友達や家族、仕事相手など、
いろんな人とつながっているからこそ、
煩わしくなってしまうこともありますよね。
けど、SNSは辞められないし、辞めたくない。
できれば、何も考えずにSNSを楽しみたい!
そんなときは、「裏アカウント」をつくってみませんか?

InstagramもTwitterも、
今使っているアカウントとは別に、
友達が知らない、
あなたの「もう１つのアカウント」をつくるんです。
趣味用や情報収集用などにするのが、おすすめです。

＊＊＊

そのアカウントには、
あなたのすきなものだけを集め、
リアルな友人とのつながりは一切持たないようにします。
「素のあなた」を出せるアカウントがあるだけで
ＳＮＳがぐんと楽しくなり、
今より上手に付き合えるようになりますよ。

仕事が終わってから、
自分がすきなものだけを集めたアカウントに
アクセスする時間は心の癒しにもなります。
ＳＮＳは使い方次第で、
生活をより楽しくしてくれるもの。
上手に付き合っていきましょうね。

 おしゃれな部屋を検索して、家具の配置や飾りなどを自分の部屋に取り入れる♪

column 2

なぜ自己肯定感は
低くなってしまうの？

　幼い頃のあなたは、「大きくなったらお姫様になる♡」「ピーマン嫌い、食べたくない！」などと、他人の目を気にせず、自分の思いや感情を表現していましたよね。
　これは、「自己肯定感がとても高い状態」です。では、なぜ今のあなたは、自己肯定感が低いのでしょうか？
　その原因は、過去に"自己肯定感が低くなってしまうような心の傷"を負ってしまったからです。
　つまり、心の傷さえなければ、あなたは自己肯定感が高いまま大人になったはずなのです。

　自己肯定感が低い人は、友人関係・恋愛・進学・就職・仕事といった中で、傷ついた経験をしているという人がとても多いのです。
　心に傷を負う出来事を経験すると、
　自己肯定感が低くなる
　→自己肯定感が低くなる考え方を無意識のうちにしてしまう
　→また自己肯定感が低くなってしまう
　という悪循環から抜け出せなくなってしまいます。
　だからまずは自己肯定感を上げるために、"自己肯定感が低くなる考え方をしてしまうあなた自身"を自分で認識することが必要です！
　"認識する"とは、「私ってダメだなあ」と思った自分に対して、「あ、私、自分に対してダメ出しをしちゃっているな」と心の動きを把握するということです。
　自分に対してダメ出しをしたり、責めてしまう考え方をしている自分に気づくことが、自己肯定感を上げるための第一歩になります！

60　　Part 2　人間関係〜心地よい関係を築く〜

Part 3

心のこと

～「あなたが」あなたを
大切にする～

ずっと我慢していませんか?

あなたは、
「私さえ我慢したらいい」
「つらいけど、私が我慢したらうまくいく」
と、職場の人たちや家族、友人の中で
いつも我慢ばかりしていませんか?

　　　　　＊＊＊

いやなことがあっても、すごくつらくても、
ぐっと我慢して乗り越えようとする
あなたの姿勢は素晴らしいです。
責任感が強く、頑張り屋さんで、
周りのことをよく考えられるからこそ、
つい我慢してしまうのですよね。
でも、あなたが誰かや何かのために
つらいことを我慢して頑張り続けるのは、
本当にいいことなのでしょうか?

あなたがつらいのを我慢して頑張り続けることは
残念ながら、あまり意味がありません。
あなた自身を犠牲にし、
我慢をして他人にやさしく関わったとしても、
いつかはつらくなって、不満を持ったり、
見返りを求めてしまうようになってしまいます。

「なんで私ばっかり……」
「こんなにもやってあげてるんだから感謝してほしい！」
という気持ちが自然と芽生えてしまうのです。
そうすると、相手との関係も
ギクシャクしてしまいますよね。

＊＊＊

あなたが我慢せず、
自分の心身に余裕がある上で
他人を優先することは、
決して悪いことではありません。
けど、少しでもいやだな、つらいなと
感じるときは、自分の心を優先しましょう。
大切なあなたの心や体に我慢を強いてまで、
他人のしあわせを優先しなくていいのです。
いつだって大切なのは、
あなたがしあわせでいることなのですから。

休みの日に少しいい食材を使って自分のすきなものを自炊して
みる。失敗してもいいや、というマインドで♪

「一人反省会」しちゃっていませんか?

あなたは、
仕事終わりや人と会ったあと、
「あのとき、こう言えばよかった……」
「あのとき、こうしておけばよかった……」
と、後悔して
脳内で一人反省会をしちゃうとき、ありませんか?
自分にダメ出しをして、深く落ち込む……。
そんなふうに毎日を過ごしていないでしょうか?

* * *

終わってしまったことはもう戻せません。
人は過去には戻れないのです。
そう、過去をいつまでも気にしていても仕方ないのです。
それに、あなたが
「こう言えばよかった……」と後悔したとしても、
言われた本人はそこまで気にしていません。

ミスをしてしまっても、
周りの人はそこまで
あなたを責める気持ちは持っていません。
あなたも、あなたの周りの人がミスしてしまっても
そこまで責めたりしないですよね？
それと同じことです。

ミスをしたあなたの行動や言葉は、
意図的に悪い方向に持っていこうと思って
したことではないはずです。
そのときのあなたの精一杯だったはず。
精一杯やったのに、そんな「自分」を責め、
ダメ出しをするなんて、「自分」がかわいそうです。

＊＊＊

うまく言えなかったとしても、
ミスをしてしまったとしても、
「私、あのときよく頑張ったよね」と、
あなたがあなた自身を認めてあげてください。
たとえ後悔することがあっても
「そのとき精一杯だった自分」を
きちんと、たくさん褒めてあげてくださいね。

ワクワク 「いつか欲しいなあ」と思っていたブランドの化粧品を買って
みる♪

あなたは、
「体調が悪くて休んだけど、みんなに申し訳ない」
「つらくて友達に愚痴を聞いてもらったけど、
やめておけばよかった……」
と、罪悪感に苛まれることはありませんか?
「みんな働いているのに、私だけ休んじゃった……」
「○○も大変そうなのに自分の話ばっかりしちゃった……」
と、どんどんモヤモヤしてしまうかもしれません。

でも、体調が悪くて休むことも、
つらいときに愚痴を聞いてもらうことも、
「自分の心身を守るための行動」です。
そんな行動のあとに必要なのは、
自分を責める気持ちや申し訳なく思う気持ちではなく、
「私、勇気出してよく頑張ったね!」
と、自分自身を労い、褒めてあげることです。

あなたがあなたの心や体の状態を見て、
「今日は休まなきゃ」「話、聞いてもらおう」
と決心をし、行動に移したことは、
あなたの心と体だけではなく、
あなたを大切に想う人の心も守ったことになります。

あなたを大切に想う人はあなたにいつも、
笑ってしあわせでいてほしいのです。
あなたが無理をして体を壊してしまったり、
心を病んだりしてしまったら、
あなた以上に
あなたを大切に想ってくれる人たちが悲しみます。

＊＊＊

力を貸してもらったあと、
「ありがとうございました！」
「〇〇のおかげで元気になったよ！」
と伝えることができたら、それでいいのです。
周りの人も、気持ちよく
その言葉を受け取ってくれるはずです。

自分の心と体を守るための行動は素晴らしいもの。
誰かに罪悪感を持つのではなく、
そんな行動をとることができた自分を
褒めてあげてくださいね。

 ホテルへ行ってアフタヌーンティーを頼む。一人で読書をしてもいいし、誰かといっしょでも♪

テンションが上がらなくてもいいんです

あなたは、
体調が悪いわけでも生理前でもないのに
なぜか気分が上がらない、元気が出ない、
何をやっても楽しくない。
そんなときはありませんか？
そしてそんなとき、無理して元気を出そうと
していませんか？

元気がないときに無理をしてテンションを上げたり、
頑張ろうとしてしまうと、
よけいに苦しくなってしまうことがあります。
それを繰り返して自分の許容範囲を超えてしまうと
突然涙が止まらなくなったり、
何をしても楽しくないといった状態を
引き起こしてしまいます。

そんなときは、
元気を出そうと頑張るのではなく
あなた自身を休ませてあげることが大切です。
ゆっくりとお風呂に入る、
音楽を聴く、
美味しいものを食べる、
誰かに話を聞いてもらう……。
「あなた自身が回復する方法」をとってみましょう。

しっかり休んだら、
また自然と気分も上がってきます。
そうなるまでは無理して頑張ろうとせず、
「私、疲れてるんだ。
最近忙しくて、頑張ってたもんね。おつかれさま。
今日はゆっくり美味しいものでも食べて、眠ろう」
と、普段よりも自分にやさしくしてあげてください。

＊＊＊

人は、休むから、また動けるのです。
休まなければいつか必ず限界がきます。
いつだっていちばん大切なのは「あなたの心と体」。
あなたの心と体がいつも健康で
気持ちよくいられるように、
あなた自身が気をつけてあげましょう。

ワクワク　生演奏を聴きに行く。質のいい音楽は心を満たす、とびきりの
　　　　　癒し効果が♪

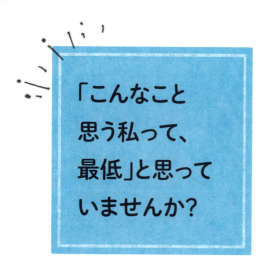

「こんなこと思う私って、最低」と思っていませんか?

あなたは、
「みんな頑張ってるのにこんなこと思っちゃうなんて……」
「あの人は悪くないのにモヤモヤしちゃダメだよね……」
「こんなこと思う私って、最低」
と思うことはありませんか?

休みたい、風邪ひきたい、会いたくない、
触りたくない、話したくない、関わりたくない……。
そう思ってしまう自分を責めていないでしょうか?

***

そんなふうに自分を責めないであげてください。
「そんなこと」を思ってしまうくらい、
あなたは疲れているのです。
「そんなこと」を思ってしまうくらい、
今、大変な思いを抱えているのです。

きっと、普段、元気があるときや
心身に余裕があるときは思っていないはずです。
疲れて余裕がなくなってしまっているから、
マイナス思考に陥ってしまい、
さらにはマイナスなことを思う自分に対しても
嫌悪感を持ってしまうのです。

「そんなこと」を思ってしまうのは、
頑張り続けてしまって
心が悲鳴をあげている証拠。
そんなときにかけてあげる言葉は、
「私よく頑張ったね。おつかれさま！」です。

***

大切な人に、
「最近全然仕事に身が入らなくて……」
「最近、笑顔になれないんだ……」
と言われたら、
「大丈夫？　疲れているんじゃない？　休めてる？」
とやさしい言葉をかけてあげますよね。
間違えても、「そんなの、ダメだよ！」
なんて言いませんよね。
それと同じです。
あなたがあなた自身にも、
やさしい言葉をかけてあげてくださいね。

 とっても頑張った日はタクシーを使うと決める♪

あなたは、
「悪口って言っちゃダメだよね」
「いろんな本にも書いてあるし、
マイナスなことは外に出しちゃいけないよね」
と、心がモヤモヤしても
マイナスなことを外に出すことを禁止していませんか？

＊＊＊

たしかに、幼い頃から私たちは、
「人の悪口は言っちゃダメ」
「マイナスなことは外に出さないようにしましょう」
というふうに教えられてきました。
だからこそ、
「人の悪口は言っちゃいけない」
と、自分の中でマイナスな感情を処理しようとする人が
多いのだと思います。

その心がけはとても素晴らしいものですが、
それだとあなた自身が疲れてしまわないでしょうか？

＊＊＊

「悪口」の一部って、起こった事実でもあるんです。
「起こった事実」だけを伝えることは、
「悪口」にはなりません。

「ばか・うざい・むかつく」といった、
自分もモヤッとしてしまう言葉は
言った自分も余計疲れるので、
言わないほうがいいですよね。
でも、起こった事実を吐き出すのは
悪いことではありません。
それさえも溜め込んでしまうと、
あなただけがつらくなってしまいます。

「昨日、先輩がミスをしちゃってさ。
そのせいで帰るのが遅くなっちゃって、
大変だったよ。疲れた〜」
というのは悪口ではなく、起こった事実です。
マイナスなことであっても、
きちんと「外」に出さないと
いつか爆発してしまいます。
上手に吐き出すようにしましょうね。

ふわふわな抱き枕を買う♪

あなたは何か失敗したとき、
「反省」と「自分を責めること」を
いっしょくたにしていませんか？
「反省」と「自分を責めること」には
大きな違いがあります。

＊＊＊

何か失敗をしたときに、
「あの部分を○○したらもっとよかったな」と、
改善点を明確にすることが「反省」です。
一方で、
「あの失敗をしちゃうなんて、
私って本当にダメだな……」と、
自分を否定してしまうことは
「自分を責めること」になります。
そう、自分を責めることは反省ではないのです。

「反省」とは、
次につながるプラスの考え方のこと。
「自分を責めること」は、
自己肯定感を下げてしまう考え方のことです。

　　　　　　＊＊＊

何か物事がうまくいかなかったときは、
「私なんて……」と考えるのではなく、
「次はこうしてみよう」と、
改善点を明確にしましょう。

「正しい反省」をすることで、
たとえミスをしてしまったとしても、
自己肯定感が下がることはありません。
また、失敗をしっかり次に活かすことができます。

せっかく反省をしたのに、
間違った反省をして
自己肯定感を下げてしまっては残念ですよね。
同じ失敗を繰り返さないためにも
正しい「反省」の仕方を身につけましょうね。

お取り寄せスイーツをいくつか取り寄せて、大切な人と食べ比べをする♪

「〜じゃなきゃダメ!」は、あなたの思い込み

あなたは、いい子でいたら価値がある、
優等生でいればここにいていいという考えから、
"いい子で優等生の自分"でいなきゃいけないと
思っていませんか?

***

自己肯定感が低く、
自分を大切に想えない人は、
頑張ることやいい子でいることで、
自分の価値を見出す傾向にあります。

そのため、自分自身の心や体のSOSに気がつかず、
・突然仕事に行けなくなる
・涙が急に止まらなくなる
・ぐっすり眠れなくなる
など、体に異変が起こるまで頑張り続けてしまうのです。

今の自己肯定感が低いあなたをつくっているのは、
あなた自身です。
過去の経験から、あなた自身が自分のことを責めたり、
自分にダメ出しをしてしまうことで、
自己肯定感の低いあなたをつくり上げてしまったのです。

＊＊＊

「いい子じゃないとダメ」
→誰の言葉ですか？
「もう大人だから一人でできなきゃダメ」
→誰が決めたのでしょうか？

「〜じゃなきゃダメ！」なんてことはありません。
人はみんな、自分の思い込みの中で生きています。
自分自身をつらくしているのは
もしかしたら、あなた自身かもしれません。

いい子じゃなくても、できないことがあっても、
そのままのあなたで、
宝石のような価値があります。
あなた自身が胸を張ってそう言えるように、
思い込みを捨てて、
あなたのことをあなた自身が
大切にしてあげましょう！

 憧れの芸能人が身につけているものと同じものを買う♪

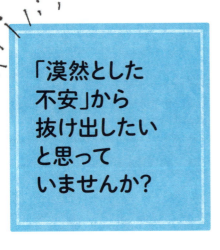

あなたは、
「何が不安かわからないけど、なんか不安……」
「なんとなくこのままじゃダメなような、
でも何をしたらいいのか具体的にはわからない……」
と、漠然とした不安を感じることはありませんか？

＊＊＊

「これが不安！」と、原因が明確にわかる場合とは違い、
「何が不安なのかわからない」のは
あなた自身が現状に満足していないということ。
あなたが毎日の生活に、100％満足できていないから
感じる不安です。
仕事に慣れた、打ち込める趣味がない、
毎日が同じことの繰り返し……。
要するに、
あなた自身がエネルギーを持て余している状態なのです。

今の状況がダメだというわけではなく、
ただあなたの中で
不完全燃焼な部分があることで不安を感じ、
いろんなことを考えてしまうのです。

＊＊＊

ここで感じている不安は、"不満"です。
その不満は、打ち込めるもの、
あなたにとって「楽しい！」と思えるものを
全力で行うことによって解消されていきます。
「以前から興味があったことやすきになれそうなこと」
に挑戦してみましょう。

エネルギーを持て余している状態なので、
何かを始めるのにぴったりです。
新しいことへの挑戦は、
ある程度心身に余裕があるときでないと
疲れてしまうからです。

原因のない不安を感じたら、
以前からやってみたいなあと思っていたこと、
考えるだけであなたの心がワクワクすることに
チャレンジしてみましょう！

 アイドルや芸能人など、頑張っている誰かを全力で応援する♪

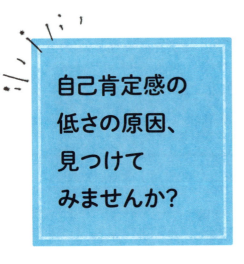

あなたは、
「私、自分のことを責めてしまうなぁ」
「私、自分のことがすきになれないなぁ」
「私、もしかしたら自己肯定感が低いかもしれない……」
と、自己肯定感の低さを感じていませんか？

***

・他人と自分を比べてしまう
・自分に対してダメ出しをしてしまう
・自信が全然ない
・自分のことを大切だ、すきだと思えない

こんなふうに思ってしまうのは、
あなたの心の傷に原因があります。
過去の出来事で負った心の傷が、
今のあなたの生きづらさをつくっているのです。

あなたが、「自己肯定感の低さをなんとかして、
もっとしあわせになりたい！」と思うのなら、
過去の出来事からその原因を探してみましょう。

・思い出すとモヤッとする
・思い出すといやな気持ちになる
・思い出すと恥ずかしくて死にそうになる
など、今、思い出すだけでも当時の感情がよみがえり、
いやだ、思い出したくない、記憶から消してしまいたい
という過去の経験はありませんか？

他人からしたらどんなに小さな出来事であっても、
あなたがそれを思い出して
ちょっとでも心に違和感を覚えるなら、
その出来事が、あなたの心の傷になっている
可能性がとても高いのです。

＊＊＊

心の傷を癒すには、まずは自覚することが必要です。
そして、「心に傷がある自分」のことを認めてあげましょう。
そのあとに、
「あのときの私、よく頑張ったね」
と、自分のことを褒めてあげてください。
そうすることによって心の傷が少しずつ癒えていき、
自己肯定感を取り戻すことができるようになります。

 気になっていた漫画を大人買いする♪

「しあわせに なりたいなあ」 と思ったら

あなたは、
「しあわせになりたいなあ」
「誰か私のことをしあわせにしてくれないかなあ」
と思っていませんか？

では、「あなたの思うしあわせ」って
具体的にどういったものでしょうか？
しあわせの形って、一人一人違うのです。

・仕事をバリバリこなすのがしあわせな人
・結婚して子どもを産んで育てるのがしあわせな人
・海の近くに住むことがしあわせな人
・毎日美味しいご飯をつくることがしあわせな人
・家でのんびりするのがしあわせな人
・誰かと切磋琢磨する毎日がしあわせな人

「あなたにとってのしあわせ」は
どんなものでしょうか？

　　　　　＊＊＊

ただ「しあわせになりたい」と思うのは、
とても漠然としています。
漠然としたままだと、
そのしあわせを手に入れるための方法がわからず、
「しあわせになる」ことができません。
あなたが本当にしあわせになるためには、
まずは「あなたにとってのしあわせは何か」を、
明確にする必要があります。

・どんな生活を送りたいのか？
・どんな相手と結婚したいのか？
・何をしているときが満たされるのか？

「しあわせになりたい！」
そう思うのならまずは、
「あなたにとってのしあわせの形」を
一度ゆっくり考えてみましょう。
カフェでゆっくり時間を使って、
お気に入りのノートにワクワクしながら
書き出すのがおすすめです♡

ネットや本を駆使して国内外問わず、行きたいところリストを
つくる。次の連休の旅行は、リストの中から行き先を選ぶ♪

column 3

自己肯定感が低いとよくないの？

　自己肯定感が低くなってしまっている人は、自己肯定感が低いことを「ダメなこと」と捉えがちです。自己肯定感が低いせいでつらさを感じ、大変な思いをされているので当然です。
　でも、実は悪いことばかりではありません。

　「自己肯定感が低い人」は「他人の気持ちがよくわかる、とてもやさしい人」です。
　他人の気持ちがよくわかるからこそ、他人のことを考えてしまい、自分の意見や思いを隠し、言えなくなってしまうのです。
　自分のことをおざなりにしてでも、他人の気持ちを優先するのは「心がやさしい人」にしかできません。
　これは、一種の能力でもあります。
　だからこそ、うまくコントロールできるようになれば、立派な長所になります。
　今はあなたの自己肯定感が低くなってしまっているため、そう思うことができないかもしれませんし、信じられないかもしれません。
　でも、私がいい例です。私自身、自己肯定感が低く、他人を気にしてばかりいて生きづらさを抱えながら生きてきました。それが、今では起業して「お仕事女子の自己肯定感を上げるカウンセラー」として、こうして本の執筆までさせていただけています。
　自己肯定感が低くつらい過去を経験し、他人の気持ちがよくわかるからこそ、「今つらい思いをされている方の気持ちがよくわかり、寄り添える」のです。

Part 4

自分のこと

〜「私」をすきになる〜

あなたは、
「大切な人」と聞き、誰の顔が思い浮かびますか？
家族、友達、恋人、仕事、職場の仲間……。
きっと、たくさんいると思います。
周りに大切な人がたくさんいることは、
とてもいいことで、素晴らしいことです。
けど、あなたは、その人たちを大切にしすぎて
自分のことをおざなりにしていませんか？

・自分の体調が悪くても友達に誘われたら絶対に行く
・本当は聞きたくないお父さんの愚痴を、お母さんのことを
思って聞いてあげる
・自分の仕事で手一杯なのに、同僚に頼まれたら断れない
など。
このように、自分よりも
他人を優先してしまうことはありませんか？

あなたの心がすごくやさしいからこそ、
自分よりも他人を優先して、
他人が喜ぶ行動をとってしまうのでしょう。

でも、何よりも大切なのはあなたの心です。
あなたがしあわせで、
あなたが満たされていないと意味がありません。
だって、あなたが生きているのは
「あなたの人生」なのですから。

　　　　　　　＊＊＊

そうはいっても、自分を優先することに
罪悪感を持ってしまうと思うかもしれません。
その気持ちも、よくわかります。
けど、例えば「週末のランチだけど、最近体調が悪いから
今度にしてもらってもいい？　ごめんね……」と言われて、
あなたはいやな気持ちになるでしょうか？
反対に、大切な人に無理をされたら
悲しい気持ちになりませんか？

あなたがしあわせじゃないと、
あなたの大切な人もあなたのことを見て悲しみます。
大切な人のためにも
「自分のこと」をもっと大切にしてあげましょう。

 大切な人にあげるプレゼントを自分にも買ってあげる。キレイ
にラッピングもしてもらう♪

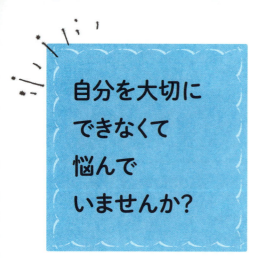

あなたは、
「自分を大切にしなきゃいけないことは
わかっているけど、その方法がわからない……」
と悩んでいませんか?
そんなあなたに、
自分を大切にできる具体的な方法をご紹介しますね。
これを意識するだけでも心にゆとりが生まれ、
毎日を気持ちよく過ごすことができますよ。

＊＊＊

それは、誰かに貸せないものは使わないこと。
あなたが「目で見て、手に取り、触れてみて」
テンションが上がる、心が安らぐものを使うことが、
自分を大切にすることにつながります。
ヨレヨレになってしまった洋服、
ボロボロになってしまった靴、ゴワゴワなタオル……。

これらは人に貸せないはずです。
手に取ってもワクワクしませんよね。
こうした普段使っているものに、
「あなたが自分のことをどう思っているのか」
が顕著に現れます。

「自分だからなんでもいいよね」
「どうせ私しか使わないんだし……」
という考えは、自分の価値を下げ、
自己肯定感をも下げてしまいます。
ボロボロの下着をつけている自分の姿を
鏡で見てみてください。
なんだかがっかりしてしまいますよね。

決して「高価なものじゃなきゃいけない」
というわけではありません。
あなたが触れて心地よく、
あなたがピンときたものならどんなものだっていいのです。
いつ買ったかわからない下着、
ボロボロにほつれてきてしまったパジャマ。
そういったものは思い切って捨ててしまいましょう。
「いちばん大切な自分」には、
素敵で心地よいものを使ってあげてくださいね。
次の休みはぜひ、
自分のためにショッピングへ出かけましょう。

 心が躍るくらい素敵な下着を自分のために買う♪

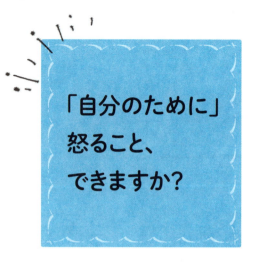

「自分のために」怒ること、できますか?

あなたは、
「こんなこともわからないの?」
「○○は本当にダメだなあ」
「あなたって、要領が悪いよね」
など、ひどい言葉を言われたとき、
言われたことをすべて受け止め、
落ち込んでしまっていませんか?

＊＊＊

こうした言葉は
「あなた」の人格・存在を否定するものです。
相手がどれだけ権力を持っていようと、
上司であろうと、親であろうと、
「あなたにひどいことを言っていい」
わけではありません。

「大人なんだし、こんなことで怒っても……」
「私が我慢したらいいんだし」
「怒ったら雰囲気が悪くなるかも……」

周りを気遣えるあなただからこそ、
怒ることができないのかもしれません。
でも、
言われたことであなたがいやな気持ちになったのであれば
「怒ってもいい」のです。
相手が誰であっても、あなたのことを傷つけていい
なんてことはありません！

＊＊＊

あなただって、あなたの大切な人が
他人に傷つけられたら腹が立ちますよね。
それと同じで、あなたが傷つけられると、
あなたのことを大切に想う人が悲しみます。
自分を想ってくれる人のためにも
「自分のために怒る」ことは必要なのです。

ひどいことを言われたり、されたら、
その場で直接怒れなかったとしても、
「なんであんなこと言われなきゃいけないの……！」
と、自分の怒りを外に出してあげましょう。

 お花やルームミスト、アロマなどで部屋中をすきな香りでいっぱいにする♪

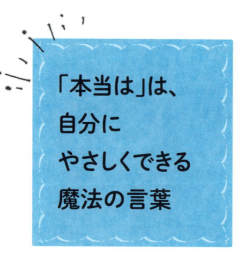

あなたは、
「自分にやさしくしてあげたいけど、
どうしたらいいのかわからない」
「自分にやさしくするって具体的にどういうこと？」
と、わからなくなっていませんか？

＊＊＊

「自分にやさしくする」というのは、
自分の本心を聞いてあげることです。
「私、"本当は"何をどうしたいの？」
と、あなたに聞いてあげてください。

本当は、休みたい。
本当は、これが欲しい。
本当は、これが食べたい。

「本当は」というフレーズこそが、
あなた自身の本音を引き出してくれます。
その本心に従って行動してあげること。
それが「自分にやさしくする」ことにつながります。

＊＊＊

甘いものを食べたいなぁと思っても、
「太るからダメ！」と我慢をしたり、
眠たいのに、「家事が残ってる！　終わらせなきゃ」と、
あなた自身があなたに厳しくしてしまっていませんか？
「本当は〜したい」と思った、
自分の本心、欲求を叶えてあげましょう。
そうすることによって、
心が満たされ、毎日に余裕が出てきます。

例えば、あなたがダイエットのために食事制限をしていて
我慢しているというのなら話は別です。
ですが、それは
"あなた自身に余裕があるとき"だけにしてください。
「もう無理……」というときは
自分の本心を優先するようにしましょう。

「私は、"本当は"どうしたいの？」
自分の本心にしっかり耳を傾けてあげましょうね。

 かわいいルームウェア、靴下、腹巻、すべて完備して、家事は
一切せず、のんびりと過ごす♪

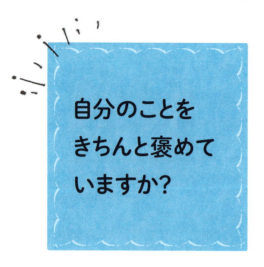

自分のことを きちんと褒めて いますか?

あなたは、
・自分のことがすきじゃない
・自分のことを責めてしまう
・褒められても素直に喜べない
・他人に嫉妬してしまう
といった生きづらさを抱えていませんか?
この生きづらさというのはすべて
自己肯定感の低さから
自分にダメ出しをしてしまっているのが原因です。

＊＊＊

自分にダメ出しをしないためには、
自分のことをしっかり褒めてあげて、
自分のことをすきになることが大切です。
でも、自己肯定感が低い人は、
自分を褒めるのがあまり得意ではありません。

そこで、自分を褒めるためのコツをご紹介します。
まず、あなたがした行動、例えば、
掃除や仕事、料理、誰かの相談に乗ったことなどを、
「5歳の女の子がした」もしくは
「あなたの大切な人がした」と仮定します。
そのとき、その子・その人に、
あなたはなんて声をかけてあげますか？

「疲れてるのに掃除したの？　えらい！」
「いやなことがあったのに残業したんだ！　頑張ったね！」
というふうに言ってあげませんか？
そしたら、その言葉を今度は"あなた自身に"
言ってあげてください。

＊＊＊

日本人は謙虚で思慮深く、
その姿勢は素晴らしいものです。
けど、「自分を下げること」を重視しすぎては、
自己肯定感は下がる一方です。

自分をすきになったほうが必ず生きやすく、
毎日を楽に過ごせるようになります。
なので、毎日ちょっとずつでもいいので、
「あなたがあなたのことを」褒めてあげてくださいね！

頑張ったご褒美に、自分に時計を買ってあげる。仕事中、腕に
はめられた時計を見るたび、なんだか誇らしい気持ちに♪

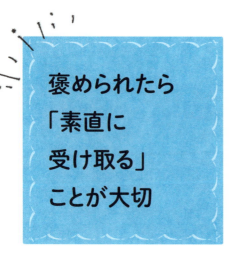

褒められたら「素直に受け取る」ことが大切

あなたは、
「かわいいね！」「素敵！」「おしゃれ！」
「料理上手だね！」「スタイルいいね！」
と、褒め言葉をもらったとき、
「ありがとうございます！」
と素直に言えていますか？

「いえ、そんなことないです……」
褒め言葉に対し、
つい否定してしまっていませんでしょうか？

せっかくの褒め言葉を否定してしまうのは
自信を持つきっかけを自分から拒否している
ことになります。
自分で自分の自信をなくし、
自己肯定感を下げているのです。

自分の存在を評価してくれる言葉に対し
謙遜は必要ありません。
「その洋服、素敵だね!」と言われたら、
「ありがとうございます、うれしいです!」
でいいのです。

謙遜が必要なときは、
仕事で成果を上げたときなど
自分の能力が周囲に認められたときです。
自分が仕事を頑張り、目に見えて大きな成果が出たときは、
「みなさんの支えがあったからこそです」
といった言葉を伝えたほうが感じがいいですよね。

***

「褒め言葉を受け取る」ことは
「あなたを褒めてくれた人の感性を認める」
ことでもあります。
つまり、相手のことを大切にすることになるのです。

それに、褒めた言葉に対し否定されるよりも
「ありがとうございます!」
と言われたほうが、単純に相手もうれしいですよね。
褒め言葉を受け入れることは
自分にとっても相手にとってもいいことばかり!
ぜひ今日からしっかり受け止めてくださいね。

 有休を使って平日に温泉へ! 美味しいご飯まで食べてくる♪

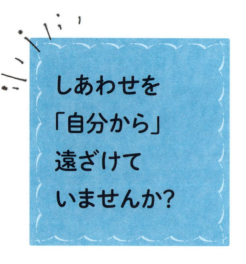

しあわせを
「自分から」
遠ざけて
いませんか？

あなたは、
「仕事がつらいけど辞められない」
「恋人が冷たいけど別れられない」
「話を聞くのはつらいけど、お母さんが楽になるのなら……」
というふうに、
わざわざ"あなた自身があなたに"
つらい思いをさせていませんか？

＊＊＊

理不尽な仕事。しあわせになれない恋愛。
嫌味を言ってくる、いっしょにいて楽しくない友人や家族。
あなたを攻撃してくる人たち。

その人たちにすき勝手させていませんか？
もし、あなたがつらいのなら、
そこから逃げてもいいのです。

人手が足りなくて仕事が辞められない、
情があって別れられない、
ということがあるかもしれません。
でも、あなたがその人といて、その仕事をしていて、
しあわせでないのなら、遠ざけてもいいのです。

＊＊＊

あなたが何もしていないのに
向こうから攻撃してきたり、
あなたにつらい思いをさせるのであれば、
あなたは何も悪くありません。
でも、それを我慢することは、
自分からしあわせを遠ざけることになります。
攻撃してくる人たちが目の前にいるとき、
どう行動するかを決めるのはあなただからです。
その人たちから逃げ、
あなたのしあわせを守れるのはあなただけなのです。

＊＊＊

他人を変えることは自分を変えることよりも、
難しく、相手に変わる気がない場合は
現状がよくなる望みは薄いでしょう。
「しあわせになるために」勇気を出して、
距離を置くか、離れることも選択肢に入れましょう。
自分のしあわせをいちばんに考えましょうね。

 次の休みの日、海の近くでぼんやり過ごす♪

あなたには、
「この人だったら信頼できる」
「この人の考え方や思い、すき！ ホッとする」
そう思える人がいますか？
家族、友達、恋人、旦那さん、
作家、漫画家、起業家、経営者、
芸能人、アーティスト、インフルエンサー……。

自分にとって、
「この人、信頼できる！」
「この人の考え方、すき！」
と思える存在は、いざというとき、
あなたの心のよりどころになってくれます。

＊＊＊

私たちの周りには、情報があふれています。

あなた自身がネットで攻撃されたり、
いろんな人の意見を見たり聞いたりする中で、
「私、間違ってるかも」と自分を責めてしまったり、
心がグラグラッと
揺らいでしまうようなことがあるかもしれません。
そんなときは、「この人！」という存在に、
少し寄りかからせてもらいましょう。

つらいことがあったときや大変なとき、
そうした存在がいるだけでずいぶん楽になります。
心のよりどころをつくることで、
「毎日穏やかに過ごせるようになる」のです。

＊＊＊

でも、その人たちもあなたと同じ「人間」です。
間違うときだってあります。
すべてを信じ、鵜呑みにしてしまうと
それは依存になってしまうので要注意。
そのことだけは、頭の片隅に置いておきましょうね。

「心のよりどころ」は、
つらいときに元気を与えてくれたり、
何かを乗り越えるときに力をくれる存在です。
そんな存在がいるだけで、心は安定します。
「あなたの心のよりどころ」を見つけてみてくださいね。

本を何冊も持ってカフェに入り浸る。長居するためにコーヒー
とケーキを時間差で頼む♪

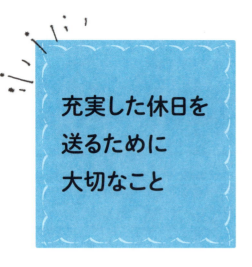
充実した休日を送るために大切なこと

あなたは、
「せっかくの休みなのに、またゴロゴロして終わっちゃった」
「休みなのにもう夕方……。また何もしなかった……」
と、落ち込むことはありませんか？

毎日頑張って仕事をしているからこそ、
「休日くらいはすきなことを思いっきりやりたい！」
と思いますよね。
なのに結局何もできなくて、
自己嫌悪に陥ることがあるかもしれません。
そんなときもあっていいのです！

***

でも、「充実した休日を送りたい！」と思うなら、
まずはベッドから抜け出し、顔を洗って、
メイクをしましょう！

メイクをすると、
「よし♪」と気分が上がり、
お出かけしようかな、
映画を観に行こうかな、
カフェで本でも読もうかな、
資格の勉強をしようかな、
と、アクティブになりやすくなります。

＊＊＊

メイクは女性にとって、
切り替えスイッチのようなもの。
メイクをするだけで自然と自信が生まれ、
テンションが上がり、行動的になれます。
「明日の休みを有意義に使いたい！」と思ったときは、
「とりあえずメイクはする！」と決めるようにしましょう。

いつもよりも丁寧にしてあげると
より気分が上がって、なんだか楽しくなってきます。
お化粧1つで楽しくなっちゃうところが、
女性のかわいいところ。
休みをアクティブに過ごしたいときは、
まず、メイクをしてみてくださいね！

 背伸びをしていつもよりいいブランドの服を1着買う。それを
着てレストランに行ったり、そのための予定をつくる♪

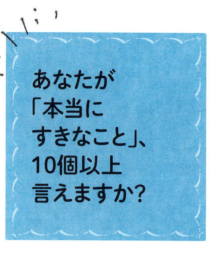

あなたが「本当にすきなこと」、10個以上言えますか?

あなたは、「心からすき!」と言えるものを、
10個以上、スラスラとあげられますか?
案外、出てこないのではないでしょうか?

＊＊＊

「自分のすきなものがわからない」という人は、
他人を優先する癖がついてしまっていて、
自分のことがわからなくなってしまっている
可能性が高いといえます。

普段から、
「○○さん、怒ってないかな」
「こんなことを言ったらどう思われるかな」
と、意識がすべて他人に向いてしまっているため
他人にどう思われるかが行動の基準になっていて、
自分を押し殺すことが癖になってしまっています。

そうして、自分の気持ちが
わからなくなってしまっているのです。
でも、そんなの悲しすぎると思いませんか？
自分のことをいちばん大切にできるのは、自分しかいません。
しっかりと自分のことを理解し、大切にし、
しあわせにしてあげたいですよね。

＊＊＊

自分のすきなものを知り、
毎日を豊かに、楽しく過ごすためには、
まず「自分のことをよく知る」必要があります。
自分のことをよく知るための方法は、
「ああ、私、イライラしているんだな」
「私、今ワクワクしてる！」
「私、○○さんのこと気にしてる……」
というふうに、
**自分の感じていることを
頭の中で言葉にして意識すること**です。

**それを繰り返すことにより、
自分のことがよくわかるようになり、
次第に自分がすきなものにも気づくことが
できるようになっていきます。**
「私は今、何を感じているのかな」と
常に意識してみてくださいね。

携帯ケースを新しくする。適当なものじゃなく、いろんなお店
を回って見つけたものか、ネットで吟味したものを買う♪

あなたは、
「これをやっていると時間が経つのを忘れちゃう！」
「いつの間にか夢中になってた！」
というものがありますか？
読書、映画鑑賞、文章を書くこと、旅行、
メイク、ネイルアート、語学の勉強……。
あなたの「趣味」「すきなこと」はなんでしょうか？

＊＊＊

あなたが楽しいと思えることを行うことは、
「あなた自身を喜ばせる」ことになります。
あなた自身が喜ぶことを突き詰めていくと、
「自分はどうやって生きていきたいのか」
「何をすることが自分にとってのしあわせなのか」
が、だんだんわかるようになってきます。

「誰か」を意識するのではなく、
あなた自身が、楽しくて、ワクワクして、
夢中になれることをすることは、
理想の毎日を手に入れるために必要なことです。

「誰かから見た、しあわせ」は、
「あなたのしあわせ」ではありません。
あなた自身が心から感じるしあわせが大切です。
「あなたにとっての理想の毎日」を叶えるために、
今のあなたがワクワクすること、
楽しいと思うことをしてくださいね。

＊＊＊

自分が楽しいと思えることを見つけるコツは、
「○○をしたらすごいって思われるかな？」と
考えるのではなく、
あなた自身が、
「あ〜しあわせだな♡」「落ち着く〜」
「時間が経つのがあっという間！」
と感じるものが何かを考えることです。
うまくできないことでもいいのです。
誰かを気にして行うのではなく、
「あなた自身が楽しむために」行ってくださいね。
夢中になれることを見つけて
あなたの理想の毎日を手に入れましょう♡

 冬の寒い日、毛布にくるまりながらアイスを食べる。夏の暑い
日ならクーラーをガンガンにかけて毛布にくるまりながら♪

column 4

自己肯定感は上げたほうがいいの？

　自己肯定感が低いと他人のことを気にしすぎて自分のことが見えなくなってしまい、自分の本音・やりたいこと・理想・すきなこと・叶えたいことがわからなくなってしまいます。

　ですが、自己肯定感が低いと不幸というわけではありません。

　ただ、自己肯定感を上げると、失敗しても自分のことを責めなくなり、落ち込むことがぐっと減って、自分のペースで毎日を過ごせるようになります。確実に生きやすく、毎日を楽に、しあわせに暮らせるようになるのです。

　また、自分の本音がわかるようになるので、夢や好きなことが明確になり、理想の生活を叶えることもできます。

　自己肯定感を上げることは、他人を気にして自分のことを責めてしまうあなたが、毎日を楽に、楽しくしあわせに生きていけるようになるための手段なのです。

　今、あなたが自己肯定感が低いことによって生きづらさを感じているのなら、自己肯定感を上げることはこれからの毎日をしあわせに暮らすために最も必要なことだといえます。

　自己肯定感の低さに悩んで相談に来たクライアントのＹさんも、しっかりと自己肯定感を上げてからは、

「いいことが起こる回数が増えたり、職場の人間関係がよくなったり、彼氏ができたりと、これまでは生きていくのがつらかったけど、今は毎日が楽しいです！」

　と、話してくれるまでに。

　決してＹさんが特別だから変われたわけではありません。

　ただ「行動したから」。それだけです。

　あなたも、Ｙさんのように自己肯定感を上げて、しあわせな毎日を送りませんか？

108　　Part 4　自分のこと〜「私」をすきになる〜

Part 5

恋愛

〜毎日を彩る〜

「かわいくない」から恋愛するのが怖いと思っていませんか?

あなたは、
「私はかわいくないしスタイルもよくないから
恋愛するのが怖い」
「美人でもない私なんかを
すきになってくれる人はいるのかな」
と思っていませんか?

***

「かわいくないって言われたことがある」
「かわいい姉妹といつも比べられてきた」
という人もいるかもしれません。
そんな経験があると、
外見にコンプレックスを感じてしまいますよね。
恋愛するのが怖くなってしまう気持ちも、
よくわかります。
でも、言われたその言葉は事実なのでしょうか?

実際は、誰かの何気ないひと言や心ない言葉がきっかけで、
あなた自身があなたのことを「かわいくない」と
思い込んでしまっている場合が多いのです。
思い込みによって、「私はかわいくないから恋愛できない」
と自分の殻に閉じこもってしまうのは、
とてももったいないこと。
「かわいくないから……」とオドオドする姿は、
それこそ好ましいものではありません。

「かわいくない」と消極的でいるよりも、
毎日を笑顔で過ごしたほうが、
相手に与える印象もぐんとよくなります。

＊＊＊

どうしても「私がかわいくないのは思い込みじゃない」と
思ってしまう場合は、「清潔感」を意識して
「身なりに気を遣う」ことを心がけてみてください。
この２つを意識するだけでも、
自信が持てるようになりますよ。

いつか必ず、あなたのことをかわいいと思い、
すきになってくれる人が現れます。
その人と出会ったときに笑顔で接することができるように、
思い込みは捨てちゃいましょう。

 タオルハンカチではなく、シルクのハンカチを使ってみる♪

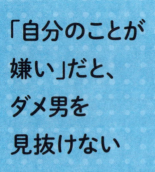

あなたは、
恋愛がうまくいっていますか？
うまくいっていない人はもしかしたら、
「私ってなんでこうなんだろう。
こんな私のこと、誰もすきにならないよな……。
私だってすきじゃないもん」
と、自分のことが嫌いではないでしょうか？
「自分のことが嫌い」だと、
「ダメ男に引っかかりやすく、恋愛に苦労しやすい」のです。

＊＊＊

「私にはいいところなんてない。
自分に価値があるって言われてもピンとこない」
そう思ってしまう人は、
自分の存在を認めてくれる人に惹かれやすいものです。

自分のことが嫌いなので、
「すきだよ。君のことが大切だよ」と言われると、
救われたような気持ちになってしまうのです。
甘い言葉を簡単に言う人の中には、
あなたを大切にしない人もいます。
でも、自分のことが嫌いだと、見抜くことができません。

誠実でやさしくて、あなたのことをいちばんに
大切にしてくれる人と出会うためには、
自分のことをすきになることが大切です。

「自分をすきになるのが難しい……」という人に
おすすめしたいのが、
「1日1つ、自分との約束を守り、
"自分と"信頼関係をつくる」こと。
例えば、自分に朝ご飯を忘れずにつくってあげるなど、
簡単なことで構わないので、毎日続けていきましょう!

相手が誰であっても、約束を破られてしまうと
その人をすきにはなれないですよね。
「自分」も同じです。
自分との約束はいちばん破りやすいもの。
だからこそ、しっかり自分との約束を守って
自分のことをすきになりましょう。
そして、しあわせな恋愛をしましょうね。

 観たかったDVDを5本レンタルして、休みの前日、夜通し観る。お菓子やドリンクも忘れずに♪

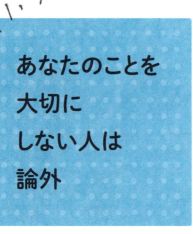
あなたのことを大切にしない人は論外

あなたは、
浮気をしたり、あなたのことを適当に扱ったり、
セフレにしたりと、
あなたのことを傷つけるような人と
関わっていませんか？

あなたがどれだけその人のことをすきでも、
大切だと思っていても、
その人があなたのことを大切にしてくれないのなら、
恋人としては論外です。

* * *

「あの人は私のことをすきって言ってくれてる！」
「私が苦しいとき、支えてくれた！」
「私のことを心から必要としてくれてる！」

どんなにやさしく、甘い言葉を言ってくれたとしても、
実際の行動はどうでしょうか？
人は言葉よりも行動に本心が表れます。

彼がどれだけ甘い言葉を囁いてくれたとしても、
約束を守らなかったり、他の女性を優先したり、
「ギャンブルや浮気をやめてほしい」という
あなたの懇願を聞いてくれなかったとしたら、
悲しいことですが、彼はあなたを大切に想っていません。
彼があなたを大切にする行動をとってくれないのは、
あなたのことを大切に想っていないからです。

＊＊＊

あなた自身がどんなにだいすきでも、
相手がそうじゃないということに気づいたら、
悲しいですが「離れるべき」です。
昔はやさしかったとしても、時が経つうちに
お互いがすれ違って、以前と
同じようにいかなくなってしまうこともあります。

たとえ今は悲しくても、傷ついても、
その悲しみはいつか必ず癒えます。
自分自身を大切にするためにも、
あなたを傷つける人とは離れることを考えましょう。

 休日に、いつか使おうと思っていた化粧品でメイクをして、そのままお出かけする♪

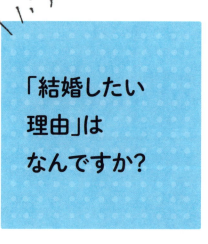

「結婚したい理由」はなんですか?

あなたは、
「早く結婚したい」
「みんな結婚していくのに私だけ置いていかれてる……」
と焦っていませんか?
周りの友達がどんどん結婚するようになると
すごく焦ってしまいますよね。

でも、ちょっと待ってください。
その焦りは、「親や友人、周りを気にしているから」
感じているだけではないでしょうか?
もしそうだとしたら、今、婚活を始めたり、
イベントに通い始めるのはとても危険です。

その状態で婚活やイベントに行っても、
ただ周りに流されていてあなた自身の意思がないため、
うまくいきません。

そればかりか、なんでうまくいかないんだろう、
なんのために頑張っているのだろうと
虚無感を感じてしまう可能性がとても高いのです。
それでは、無駄にあなたの心を疲れさせ、
自己肯定感を下げてしまうだけです。

「いや、私はそんな焦りからじゃない！
ずっと心から結婚したいと思ってる！」
という人も、深く掘り下げていくと、
本心では「したい」と思っていないことがあります。

「なぜ、結婚したいのか？」
その理由を一度、はっきりさせましょう。
そこがわかると、婚活やイベントで、
積極的に動けるようになります。
すると、自然とうまくいく可能性も高くなるのです。

＊＊＊

あなたが結婚したくないのなら、
別にしなくてもいいのです。
いつだって「あなたの心」が何よりも大切。
焦って婚活に励む前に、
「私、なんで結婚したいのかな？」
「本当に結婚したいのかな？」
と、一度自分に聞いてみてくださいね。

 誰にも内緒で、一人でご馳走を食べに行く♪

恋人や旦那さんがいないことに劣等感を持っていませんか?

あなたは、
「もう大人なのに、私、
今まで誰とも付き合ったことがない……」
「周りは結婚しているのに、私は……」
と、コンプレックスを感じていませんか?

周りの友達や知り合いは、
長く付き合う恋人や旦那さんがいるのに、
私はいないし、いたこともない……。

悲しいような、つらいような、
自分という存在を否定されているような気持ちに
なってしまうかもしれません。
自分に魅力がないのではないかと、
劣等感を持ってしまいますよね。

けど、付き合ったことがないことや、
今、相手がいないという事実は
あなたが劣っている、魅力がないということには
決してつながりません。
ただ単純に、縁とタイミングがなかっただけなのです。

　　　　　　　　＊＊＊

あなたはとても素敵な女性です。
それは紛れもない事実です。
「付き合ったことがなくても」「結婚していなくても」
コンプレックスに思う必要はないのです。
付き合ったことがない、結婚していないことを、
魅力的、一途で誠実な女性だと考える男性は必ずいます。

いつ、ご縁とタイミングがやってきてもいいように、
しっかり自分のことを大切にして、
「自分磨き」をしておきましょう。
自分を大切にできる女性というのは、
端から見ても毎日楽しそうで、
男性の目にも魅力的に映るものです。

付き合ったことがない、結婚していないことは、
非でも欠点でもありません。
「縁がなかっただけ」だということを
忘れないでくださいね。

元気になれる映画を観る。おすすめはディズニー、『ホリデイ』
『プラダを着た悪魔』『マイ・インターン』♪

元彼のことが忘れられないと悩んでいませんか?

あなたは、
「元彼のことが忘れられない」
「新しい人と出会っても、つい元彼と比べて断ってしまう」
と、以前付き合っていた恋人のことを
忘れることができずにいませんか?

***

「復縁を目指す」のも1つの手段ですが、
一度うまくいかなくなった関係を
修復することは難しいでしょう。
二人の心がけ次第、行動次第という場合もありますが、
長い時間がかかるかもしれません。
前を向いて進みたいのであれば
気持ちを断ち切ることをおすすめします。

***

あなたが元彼を忘れられないのは、
今が寂しいからかもしれません。
気持ちを楽にするために、
まずはその彼に関するものやつながりを
すべて処分しましょう。
携帯番号、LINE、Facebook、Instagram、メールアドレス。
つながりを物理的に断ってしまわないと
気になって連絡をとりたくなってしまいます。

つながりを断ち切ったら、
次はあなたの寂しさを埋めていきましょう。
「私は彼がいなくてもしあわせになれるんだ」
ということを体感することがとても大切です。

そのために、「今のあなたの理想の恋人像」と
「元彼の特徴・性格」を書き出し、比較してみましょう。
あなたの理想とする人と、元彼は
ぴったり当てはまっていますか？
きっと、当てはまっていないはずです。
当てはまらないからこそ、
あなたは別れを選んだはずなのです。

「私がしあわせになるために彼は必要じゃない」
「この人と、なんで付き合っていたんだろう？」
こう思えたら、ずいぶん楽になりますよ♪

気になっているアーティストのライブのチケットを取って行ってみる♪

「誰か私のこと、すきになってくれないかなあ」と思っていませんか?

あなたは、
「誰か私のこと、すきになってくれないかなあ」
「無条件で私のこと愛してくれないかなあ」
と思っていませんか？

そう思ってしまうのは、
あなたが毎日頑張り続け、
大変な思いをしているからかもしれません。
そうなるまで頑張っている自分を、
まずはしっかり褒めてあげてくださいね。

* * *

「愛されたい、すきになってほしい」と思うのなら、
その気持ちをまずはあなた自身が
「あ、私は愛してほしいんだな」と
受け止めてあげましょう。

「すきになってほしい！　愛してほしい！」
と求める気持ちは、他人には
大きなプレッシャーや負担に
なってしまう可能性があります。
だからこそ、自分で自分を癒すようにしましょう。

美味しいものを食べて、ゆっくりと眠る。
心と体はつながっているので、
疲労が回復すると、自然と心も回復します。

そして、人のやさしさに触れてください。
友達や職場の仲のいい同僚など、
「あなたに対して"必ず"やさしくしてくれる人」
と連絡をとってみましょう。
他人からのやさしさは、あなたの心に栄養を与え、
エネルギーを充電してくれます。
やさしい人と関わるだけで、「愛されたい」と感じていた、
心に穴があいたような虚無感が癒されるはずです。

＊＊＊

「愛されたいな」と感じたら、
疲労を癒すことを最優先にし、
やさしくしてくれる人と関わる。
ぜひ、やってみてくださいね。

 気温が気持ちいい時間帯にのんびり散歩に出かける。通ったことがない道を通ってみる♪

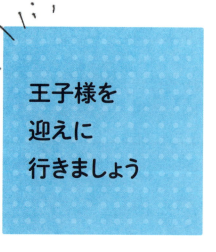

王子様を迎えに行きましょう

あなたは、
「出会いがない！」と思っていませんか？
もしそうだとしたら、
あなたが出会うために行動したことを振り返ってみましょう。
嘆くだけで何も行動していないのなら
この先も出会うことは難しいかもしれません。

＊＊＊

今は本当に出会いが少ないですよね。
しかも男性は草食男子といわれてしまうくらい、
恋愛で傷つくのを怖がり、
行動に移せない人がたくさんいます。
だからこそ、あなたが"本当に"
「恋人が欲しい！　結婚がしたい！」と思っているのなら
あなた自身が動く必要があります。
出会いがないのはみんな同じ。

でも、恋人がいる人も、結婚している人もたくさんいます。
その違いは「行動したかどうか」だけなのです。

＊＊＊

現代に王子様なんていません。
誰も迎えになんて来ないし、
かぼちゃの馬車もなければ、魔法使いもいません。
「あなた自身が」王子様を迎えに行くために
行動しなければいけないのです。

・友達に「紹介してほしい」と頼む
・マッチングアプリに登録する
・同窓会を企画して、昔の気のおけない仲間と交流する
・バーや居酒屋に行って、常連客と仲よくなる
・よく行くお店の人と積極的に関わってみる
・男女でできる習い事を始め、周りの人に質問してみる

できることは、実はたくさんあります。

「出会いがない！」と、嘆くのは簡単。
そこから一歩踏み出せたら、
休みの日に楽しくデートしたり、
つらいときは頼り合ったりと、
楽しいことが待っていますよ。
まずは小さな一歩を、踏み出してみましょう！

 昔すきだったこと、やらずに後悔していることを書き出してみて、どれか1つにチャレンジしてみる♪

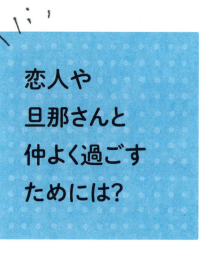
恋人や旦那さんと仲よく過ごすためには?

あなたは、
「恋人と仲よく過ごしたいのに……」
「気づいてほしいのに全然気づいてくれない……」
など、パートナーとのコミュニケーションで
悩んでいませんか?

***

私だけがいつも頑張っている。
私のことをわかってくれない。
すきだからこそ、わかってほしいし
気づいてほしい。
そう思うことがあるかもしれません。

しかし、男性は女性と比べてまったくといっていいほど
他人の心の内に気づくことができません。
それは脳のつくり、体のつくりが違うから。

女性は赤ちゃんを授かれる体をしていますよね。
言葉を話せない赤ちゃんの様子を見て、
求めていることを察する必要があります。
そのため、女性は気づく力、察する力、第六感が
男性よりも発達しているのです。

男性のほうには一切悪気がないのに
「察してほしい！」と責められてしまうのは、
あなたのことをだいすきな彼が
いくらなんでもかわいそうです。

気持ちを知ってほしいなら、
冷静に、思ったことや希望を伝えるしかありません。
「〜を言われていやだったよ。悲しかったよ」
「〜してくれたらうれしいな」
自分の気持ちを言葉にして詳細に伝えましょう。

最初はわざわざ言葉にしなくてはいけないことに
イライラしてしまうかもしれません。
ですが、言わないと気づいてくれませんし、
気づいてくれないことが続くと、
不満がたまり、関わること自体がいやになってしまいます。
パートナーとこれからも仲よくいっしょに過ごすためにも、
自分の気持ちを冷静に伝え続けていきましょうね。

 高級松阪牛をネットで買って一人ですき焼きして食べる。もちろん〆も忘れずに♪

「恋愛なんて面倒」と感じるあなたへ

あなたは、
「恋愛なんて面倒くさい」と、
恋愛に対してなんとなく
煩わしいような感覚を抱いていませんか？
そう思ってしまうのはきっと、
あなたが今、恋愛以外で楽しいことがあったり、
仕事に打ち込んでいるからこそ。
それはとても素晴らしいことです。
だから、「恋愛をしない自分」に対して
罪悪感や後ろめたい気持ちを抱く必要はありません！

＊＊＊

けど、あなたがもし、
「いつか子どもが欲しい」と思っているのなら
期限を決めてなんらかの行動を起こすことを
おすすめします。

「あと５年は恋愛のことを考えず、
自分のことに集中しよう」
「今は仕事が楽しいけど、
３年経って彼氏ができなかったら婚活しよう」
というふうにです。

女性は、
赤ちゃんを授かることのできる年齢が限られています。
だからこそ、仕事や趣味に追われて
恋愛や結婚がおざなりになってしまうと、
いつか後悔してしまうかもしれないということを
知っておいてください。
そうなってから悲しい思いをするのは
あなた自身なのです。

＊＊＊

「今を楽しむ」ことはとても大切ですし、
「今は恋愛をしない」というのもあなたが決めたのなら、
その選択がベストです。
でも、「いずれ叶えたいこと」が
恋愛を経た先にあるのであれば、
いつかは向き合わないと後悔してしまいます。
無理をして恋愛をする必要はまったくありませんが、
あなたに叶えたい望みがあるのなら、
一度、期限について考えてみましょう。

 ネットで検索しないで、そのへんのカフェにふらっと入る。あまりピンと来なかったら、もう１軒行く♪

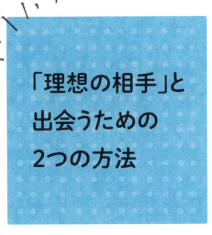

「理想の相手」と出会うための2つの方法

あなたは、
「誰かいい人、いないかな〜」
「素敵な人に出会えないかな〜」
と、思っていませんか？
でも、相手は誰でもいいわけではなく、
「あなたのことを大切に、しあわせにしてくれる人」が
いいですよね。
そんな人と出会うための、2つの方法をご紹介します。

＊＊＊

1つは、
どんな人と恋人になりたいか、あなた自身が自覚する
ことです。
「あなたの理想とする人」を明確にするコツは、
「あなたは相手が何をしてくれたらうれしいか」
を考え、はっきりさせることです。

毎日連絡をくれる、サプライズをしてくれる、
料理をしてくれる。
うれしいと思うことは、人によって違います。
「あなたがしてもらってうれしいこと」を知りましょう。

もう１つは、
社会人になってからすきになった人、
付き合った人の共通点を書き出してみてください。
（いなければ、気になった男性や芸能人でもＯＫです）
すきになった人たちの共通点は、
「あなたがどんな人に惹かれるのか、どんな人がすきなのか」
ということを教えてくれます。

＊＊＊

「理想」をしっかり明確にすることで、
ある日突然、理想どおりの人が目の前に現れたときに、
チャンスをつかめる可能性がぐんと高まります。
また、どんな人に惹かれやすいかを自覚していると、
理想どおりの人を引き寄せやすくなります。

理想の相手と出会うために、
「何をしてくれたらうれしいか」
「すきになった人の共通点」
の２つを、はっきりさせてみてくださいね！

 本屋さんに行って本や雑誌を爆買いする。帰りは荷物が重いから、車かタクシーを使う♪

column 5

自己肯定感ってどうやって上げるの？

　今のあなたの自己肯定感の低さは、「あなた自身が自己肯定感を低くしてしまう考え方を繰り返してきた結果」です。

　つまり、自己肯定感を上げるには「自己肯定感を低くしてしまう考え方」をやめればいいのです。

　十数年あるいは数十年と繰り返してしまっている考え方を1日や2日で解消し、自己肯定感を今すぐ上げるというのは不可能に近いでしょう。

　でも、つらい状況からは少しでも早く抜け出したいですよね。

　そんな方のために、今日からできる、自己肯定感を上げる方法をご紹介します！

　それは、「何かを経験したら自分を褒めてあげる」ことです。

　自己肯定感に関しては、次のような等式が成り立ちます。

＜あなたが経験したこと×あなたがあなたを褒めてあげる＝自己肯定感のUP＞

　このとき、誰かに褒められたとしても自信にはなりません。「あなたがあなたのことを褒めてあげる」ことが大切なのです。

　経験したことというのはなんでもOK。

　◇友達の愚痴を聞いてあげた

　◇新しい料理が上手につくれた

　◇お母さんを駅まで車で送ってあげた

　など、「取るに足らないようなこと」で十分です！

　こうしたちょっとしたことを「あなた自身が認め、褒めてあげる」ことが自信になるのです。

　自己肯定感を上げるには、こうした小さな自信の積み重ねが大切です。毎日少しずつ継続して、自己肯定感を上げていきましょう！

Part 6

夢と理想

～あなたが望む未来を
叶える～

「本当の夢」「理想の生活」がわからなくなっていませんか?

あなたは、毎日の生活をこなすことに必死で、
「私の夢とか理想ってなんだっけ?」
「夢とか理想って言われもピンとこない」
というふうに、いつの間にか
自分の夢や理想がわからなくなっていませんか?

もしそうだとしたら、それは
自分の望んでいることがわからなくなってしまうほど、
あなたが毎日を頑張っている証拠です。

＊＊＊

でも、自分の夢や理想がわからないなんて、
とても寂しいですよね。
「こんなふうに生きたい!」「こんなことがしたい!」
という夢や理想は、誰もが必ず持っています。
忙しく、大変な日々の中で忘れてしまっているだけなのです。

心の奥底に眠っている夢や理想が
わかるようになるためには、
・あなたが今、「楽しいな」と感じることをする
・あなたが昔すきだったことを行う
といいでしょう。
ただ、あくまで、「無理のない範囲で」。
それが負担になってしまったら元も子もないですからね。

例えば、すきな音楽を１曲だけ聴く、
漫画を１冊だけ読む、買い物にちょっとだけ行く。
楽しいことやすきだったことを繰り返すことによって、
「あ、私、これすきだったな。
そうそう、こういう生活を送りたいって思ってた！」
と、自分のことをだんだん思い出してきます。

本当の夢や理想がわからなくても、
生きていく上で不便はありません。
けど、わかっていれば
夢や理想を叶えるために行動することができます。
毎日に張り合いが出て、しあわせも感じやすくなります。
今、わからなくなっていても大丈夫！
必ずわかるようになります。
それまでは目の前の
「楽しいと思うこと、すきだったこと」を
やってみてくださいね。

 ネットで欲しいものを探し集めて、お給料日にまとめて買っちゃう♪

「夢なんて叶わない」と落ち込んでいませんか?

あなたは、
「どうせ夢なんて叶わない」
と落ち込んでいませんか?

そう思うのは過去に、
頑張っても成果が出なかった、叶わなかったという
経験をしたことがあるからではないでしょうか。
あなたが何かを頑張って、
行動したからこそ感じたことだと思います。
実は夢を叶えているように見えている人でさえも、
「叶わなかった夢」があるんです。

* * *

「叶わなかった夢」というのは
叶えられなかったのではなく、
「叶わないほうがよかった夢」です。

叶わなかったのは、
その夢があなたにとって正解じゃなかったから。
つまり、その夢を叶えても
あなたがしあわせになれなかったり、
失敗しちゃう可能性が高かったということです。

「叶えたい」という強い思いを持っていても、
その夢があなたにとってふさわしくないものの場合、
叶わない可能性がとても高いのです。
夢を叶えて、しあわせそうにしている人というのは、
その夢がその人にとって「正解」だったというだけなのです。

＊ ＊ ＊

今、夢が叶わないということは、
「あなたにとっての正解は他にある」ということ。
夢が叶わないという事実はとてもつらいですが、
「叶わないということは、
私のしあわせは他にあるんだ」
と、自分に言い聞かせてあげてください。
今すぐは納得できなくても、
時間が経っていつかもっと素敵な夢を叶えたとき、
「あのとき、あの夢が叶わなくてよかった！」
と心から思うはずです。

ワクワク 「いいなあ〜」「かわいいな〜」と思っていたアクセサリーを自
分に買う。ネックレスでもピアスでも指輪でも♪

「夢」は「夢」のままだと叶わない

あなたは、夢を叶えるために
何か行動に移していますか？
夢があると生活に張り合いが出て、
人生が豊かになります。
夢は、「生きていてよかった！」と思える、
素晴らしいものです。

＊＊＊

でも夢は、
「叶えるための期限がなく、
なんとなく現実味のないもの」のままにしていると、
いつまで経っても叶いません。
持っているだけでは、あなたの心の中で思い描いて
ワクワクする"だけ"のものになってしまいます。
夢を叶えるためには、
夢を「目標」にしなければいけません。

「夢を叶えるために必要なことは何か」を考え、
知識や情報を増やし、
「いつまでにそれを行うか」明確な期限をつくり、
行動に移す。
そのとき、「夢」が「目標」に変わります。

夢を叶えるには、
行動の期限や明確な計画を立てることが大切なのです。
まずは、
「夢を叶えるためには何をしたらいいのか」を調べ、
実際いつまでにどんな行動に移すのか、
スケジュールを細分化していきましょう。

＊＊＊

目標とは、「行動することを前提としている」もの。
行動に移さないと、
「いつかこうなったらいいな〜」の
「いつか」は永遠にきません。
あなたの思い描く夢を叶えるために
夢をしっかり「目標」にして、
行動していきましょうね！

 お気に入りの香水を見つける♪

不安を感じてしまう「先のこと」は考えない

あなたは、
「将来どうしよう……」
「○○になったらどうしよう」
と、先のことを考えて
いつも不安になっていませんか？

＊＊＊

結婚、仕事、貯金、家族……。
心配なことは、あげたらキリがありません。
先のことを考えるのはとても大切です。
未来のために備えられることは、
もちろんしておいたほうがいいでしょう。
でも、考えても解決しないこと、
どうにもならないことは
考えても仕方ないと開き直ることが大事です。

先のことを考えて不安になり
目の前のことに向き合えないと、
せっかくの「今」という瞬間を楽しめません。

＊＊＊

どうしても不安が消えないのであれば、
「何が不安なのか」を書き出し、
その不安を取り除くために
「今、何ができるのか」を考えてみましょう。

・老後のお金に関して不安を感じているのなら
　生涯にかかる金額を計算してみる
・将来の仕事に対して不安を感じているのなら
　ＡＩ時代にも必要とされる資格の勉強をする
・結婚が心配なら「○年後までに結婚する」と決めて
　結婚相談所に登録する
など。

でも、今、できることがないのなら、
考えても仕方ありません。
できることはして、今できないことは考えない。
「先のこと」は誰にもわかりません。
あえて今、不安になる必要はないのです。

 有休を使ってお昼からお酒を飲む♪

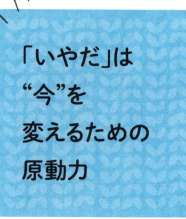

「いやだ」は"今"を変えるための原動力

あなたは、
「仕事がいやだ……」
「人間関係がいやだ……」
「電車通勤がいやだ……」
こんなふうに、いやなことが毎日たくさんあって
つらい思いを抱えていませんか？

ですが、こうした「いやだ」という感情は、
何かを変えたり現状を打破するとき、
大きなエネルギーになるのです。

＊＊＊

物事を変えるときや、新しいものを生み出すとき、
「いやだ」というマイナスの感情は、
ときに大きな原動力になります。

・人間関係がいやだから転職する
・電車がいやだから車を買う
・コンビニのお弁当がいやだから自炊する
など。

だから、あなたが今、
「いやだなぁ」と思うことがあるのなら、
現状を大きく変えることができるかもしれません。

＊＊＊

でも、嘆いてばかりでは何も変わりません。
「私はこれがいやだ。
なら、どう変化したら私の気持ちはよくなるのかな？」
という視点を持ってください。
しっかり自分の気持ちに寄り添ってあげて、
「何がいやなのか」をはっきりさせましょう。

そしてそのあとには、行動に移すことが大切です。
このとき、誰かの意見を聞く必要はありません。
「私がいやだからいや。だから、○○していこう！」
これでいいのです。
「いやだ」という感情を、
現状を変えるエネルギーにしてしまいましょう！

オーガニックな食材・サプリメントを自分のために選んであげる！　良質なものは未来の自分への投資♪

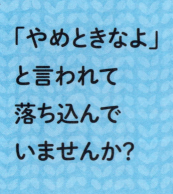

「やめときなよ」と言われて落ち込んでいませんか?

あなたは、
「こういうことやってみたいんだよね」
「こうなったらいいよね」
など、思ったことを素直に話したら、
「やめときなよ」「えー?」などと人に言われて
落ち込んでしまったことはありませんか?

心ない言葉だとすごくショックですよね。
お母さんに言われてしまった方も
多いのではないでしょうか?

＊＊＊

人間は「自分の経験したこと以外のこと」は
想像できず、わからないものです。
だからこそ、自分が経験したことがないことを言われると、
つい「やめときなよ」と言ってしまうのです。

その真意は、
・自分の想像の範疇を超えているからわからない
・自分の知らないところに行ってしまうのが心配
・あなたの足を引っ張ろうとしている
というケースが大半です。

そんな言葉に対し、あなたは、
「心配してくれてありがとう。でも私はやりたいからやるね」
という姿勢を持つこと。
実際口に出さなくていいので、
相手の冷たい言葉をあなたの心の中に入れないこと。
あなたの「こうしたい」と思う気持ちを、
守ってあげてください。

＊＊＊

あなたの「やりたい」「こうなりたい」という思いは、
それを100％肯定してくれる人にしか
言わないように気をつけるのも大切です。
絶対に言っても大丈夫な人というのは、
あなたの目指す世界に理解がある人、
あなたのことを否定しない人、
相手の気持ちを考えることができる人。
大切なことだからこそ、あなたの気持ちを笑わない、
真剣に聞いてくれる人だけに話し、
心ない言葉から自分のことを守ってあげてくださいね。

 本棚を新調する。おしゃれでたくさん入るものを♪

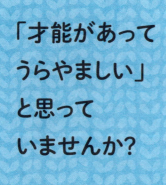

あなたは、
「才能がある人がうらやましい」
「私には何も才能がない……」
と悩んでいませんか？

確かに突出した才能を持つ人を目にすると
うらやましくなってしまいますよね。
でも実は才能って、すごく単純なものなのです。

＊＊＊

才能は、
**"それがすきで、
ただ楽しくて続けていたら飛び抜けた"もの。**
確かに生まれ持った能力として
授かっている部分もあるかもしれませんが、
それはほんの一部。

あとからいつの間にかついてきていた、
という場合が大半です。
だからあなたも必ず、なんらかの才能を手に入れられます。

文章を書くのがすき、人と話すのがすき、
料理がすき、掃除がすき、ピアノを弾くのがすき……。
「すき」という感情は立派なあなたの才能の芽です。
あなたが「心からすき！」と思えるものを探しましょう。

見つけることができたら、あとは続けるだけ。
もちろん「続ける努力」は必要ですが、
すきなことを行うのはまったく苦になりません。
だからこそ、続けることが簡単で、
自分でも知らず知らずのうちに力がついていきます。

＊＊＊

もし、すきなことをいくらやっても
上手にならないのであれば、
あなたが咲かせることができるのは、
別の才能の芽かもしれません。
そんなときは、方向転換を行うことも必要です。

「あなたのすきなこと」が見つかるまでとことん探し、
やり続けてみてくださいね！
きっといつか、あなたの「才能」が花開くはずです。

ワクワク　すきなアーティストの歌を、歌詞カードを見ながら歌って世界
観に浸る♪

勉強したいけど何をしたらいいのかわからないと悩んでいませんか?

あなたは、
「将来のために何か勉強したいけど、
何をしたらいいのかわからない」
と、困ったことがありませんか?

今後、自分のためになるようなことを
勉強したいと思っても、
何を勉強したらいいのかわからないということが
あるかもしれません。

＊＊＊

そんなときにおすすめなのは、
小・中学校で習ったことを
勉強することです。
あなたは、小・中学校のときに習ったことを
覚えていますか?

衆議院・参議院の違い、日本や世界の歴史、
お金の流通、内閣総理大臣と大統領の違い、
竹取物語、羅生門、光の屈折、酸性、アルカリ性、
証明問題、方程式、be動詞、助動詞……。

忘れてしまったものが大半かもしれませんが、
大人になった今、改めて学ぶと、
ニュースや時事問題がより深くわかり、
社会の流れを理解しやすくなります。
また、
「自分が何に興味を持っているのか」が明確になります。
学生時代には興味がなかったことでも、
大人になった今なら、
面白いと思えることは案外多いものです。
そこから「自分が本当に勉強したいこと」が
見つかる可能性が高いのです。

＊＊＊

最近では、大人向けに小・中学校のときに習ったことを
学べる書籍なども多く出ています。
あなたが気になったものを手に取ってみてください。
自分のペースで知識を深め、
自分が興味あることだけを深く勉強できるのは、
大人の特権かもしれません。
楽しく勉強し、「自分のすき」を見つけてくださいね！

 ドラッグストアで爆買いする！　それほど高価なものはないの
で罪悪感もなくてストレス発散に♪

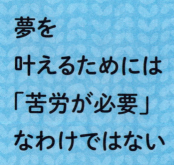

夢を叶えるためには「苦労が必要」なわけではない

あなたは、
「夢を叶えるのって苦労しなきゃダメだよね」
「つらいよね……」
と、＜夢を叶えること＝つらいこと＞
だと思っていませんか？
でも、実はそうではないのです。
夢や目標を叶えるためにいちばん必要なことは
「あなたが楽しめるかどうか」なんです。

＊＊＊

楽しくないこと、つらいことって続かないですよね。
1日1食、3時間ジョギングする、そんなダイエットなんて
どれだけスリムになりたいと思っていても続きません。
なぜなら、「楽しく」ないから。
人間は「楽しくないこと」は続かず、
大変なことは避けたいと思う生き物です。

反対に、楽しいことをし続けるのは、
まったくつらくありません。
だから、続けることができます。
あなたが夢中になってしまうこと、
何時間でも語れることはなんですか？
「あなたが楽しいと思えること」をすれば、
夢を叶えることは、決してつらくはないはずです。

夢を叶えた人が、
「つらいと思ったことはない」
「いつの間にかこうなっていた」
と言うのは、本当にそのとおりなのです。
ただ楽しかったから、やった。
すきだったから、続けた。そしたら、叶った。
たとえ大変なことがあったとしても、
「苦労している」とは思っていないのです。

＊＊＊

あなたがもしも
「夢を叶えるためには苦労しなきゃいけないよね」
と思い、躊躇しているのであれば、
それはとてももったいないことです。
怖がらずに、一歩を踏み出してみましょう。

 仕事帰りに一人で気になっていたお店でご飯を食べる♪

夢を叶えるって、地味なこと

夢を持つと、
「よし！　私も夢を叶えて理想の生活を送るぞ！」
と、ワクワクしませんか？
ですが、「夢を叶える」って、
実は全然派手なことはなく、むしろとっても地味。
楽しいこととはいえ、
誰にも褒めてもらえないことを
一人でコツコツ毎日続けることが必要なのです。

だからこそ、楽しくても、その最中には孤独を感じ、
挫折しそうになってしまうことも
あるかもしれません。

でも、そんなときこそ
「夢が叶ったあとの姿」を思い浮かべ、
ワクワクしてください。

そのワクワクとした気持ちが
継続するエネルギーになります。
その継続は、ひとまず3日続けることを目標にして、
3日続けることができたら5日、
5日続いたら1週間……。
少しずつ期間を延ばしていきましょう。

＊＊＊

「絶対に続ける！」と頑張りすぎてしまうと
プレッシャーになり、
「楽しさ」を感じにくくなってしまいます。
すると、突然プツンと糸が切れたように
やる気がなくなってしまうかもしれません。
地味で継続が必要なことだからこそ、無理をせず、
「楽しみながら続ける」ことを目標にするといいでしょう。

夢を叶える過程は、地味ですが、
その過程を乗り越えたら、今よりもっと
しあわせな毎日が待っています。
夢を叶えた自分を想像し、
毎日楽しみながら継続していきましょう！

ネイルをしてみる。指先がキレイだとうれしいもの。仕事が休みの日を選んで、思いきり派手にしちゃってもOK♪

あなたは、
「こうなったらいいな」
「こういう生活ができたら最高だな♡」
と、"あなたが"望む最高の夢を持っていますか？

＊＊＊

"最高の夢"というのは、
「私がこうなったらお母さん、喜んでくれるよね」
「こうなったら友達にかっこいいって思ってもらえるよね」
といった、"誰かを意識して描いたもの"ではなく、
"あなた自身が本当に望んでいるもの"です。
誰かを喜ばすものではなく、
「あなたが」うれしいこと。
「あなたが」そのことを考えるとワクワクしちゃうことです。

＊＊＊

もしも、「願いをなんでも！」「いくつでも！」
叶えてくれる魔法使いが目の前に現れたら
あなたは何を望みますか？
どんな生活がしたいでしょうか？
何を叶えたいと思いますか？
それが、"あなたにとっての最高の夢"です。

このとき、
「本当は海外旅行へ年に1回行きたいけど、
実際は行けてもせいぜい国内だよね……」
というように、
自分を過小評価して夢を描く必要はありません。
あなたの未来は、
あなたの行動によってどうにでも変化します。
まだ見ぬあなたの未来を、
あなたがあきらめてはいけないのです。

誰にも信じてもらえなくても、
あなただけは、あなたのことを信じてあげましょう。
それが夢を叶える力になります。
もしも魔法使いが目の前に現れたら何を叶えてほしいか。
一度ゆっくり想像してみてくださいね。

ネットで趣味の友達をつくる。心ゆくまで大好きな話をする♪

「夢」を叶えるために大切なこと

あなたは、
「いつかこうなったらいいなあ。でも無理だろうなあ」
「こうなったら最高だよね。でも、笑われちゃうよね」
と思ってしまうくらい、大きな夢を持っていますか？

「夢」は、その夢を叶えたあなたが
100％しあわせになるものなら、
叶えることができます。
叶えることができるから、夢を見るのです。

＊＊＊

絶対に叶わない夢は最初から見ませんし、
想像もつかないものです。
"オリンピックで金メダル獲る"とか
"ノーベル化学賞を獲る"とか、ほとんどの人は
叶う姿や叶ったあとのことを想像できないですよね？

絶対に叶えられないものは、
そもそも考えつきもしないのです。
でも、「こうなったらいいな」と考えてワクワクするものは、
叶う可能性があります。
あなた自身が叶えられる可能性を持っているから、
ワクワクするのです。

＊＊＊

夢を叶える道中、
一生懸命やっているのに批判されることや、
頑張っているのに成果が出ないときもあるかもしれません。
でも、「あなたが」その夢を叶えたいのであれば、
決してあきらめないでください。
夢は決してあなたから逃げていきません。
夢が叶わないとあきらめて夢から逃げてしまうのは、
"あなた"なのです。

夢が叶ったときのことを考えると胸が高鳴り、
ワクワクしますよね。
胸が高鳴った未来を、理想を、夢を、あきらめないでください。
あなただったら、きっと大丈夫。
どんなときでもあきらめずに、続けること。
これが夢を叶えるために必要なことです。
叶ったあとのことを考えてワクワクしながら、
夢を追い続けていきましょう！

ちょっと高価な靴を買う。「素敵な靴は、素敵な場所へ連れて行ってくれる」というフランスの言い伝えを自分で実行する♪

おわりに

　私がこの本を通してお伝えしたかったことは、
「あなた自身があなたのことを大切にしてあげてほしい」
「夢は必ず叶う」
この2つです。

　この本を手に取ったあなたは、日常生活の中でなんらかのつらさや大変さを感じているのだと思います。
　つらさや苦しさ、大変さを味わいながらも、毎日頑張っているあなた自身のことを、
「うまくいかないときもあるけれど、私、頑張っているよね」
と認めて、褒めてあげてください。
　それが、自己肯定感を高くし、毎日をしあわせに、楽にするために必要なことです。

　女性の社会進出率が大きく上昇していますが、その一方で、幼い頃の家庭環境や、傷ついた過去の出来事が原因で、自己肯定感が低くなってしまい、生きづらさを抱えながら、つらく大変な思いをしている人がとても多くいます。
　つらいとき、悲しいとき、苦しいとき、この本を開いて、あなたの心が少しでも楽になってくれたら、とてもうれしいです。

　最後になりましたが、この場をお借りして、本を出版するにあたり、サポートしてくださった方に御礼申し上げます。
　私のカウンセリングを受けてくださっているあなた。
　あなたがいるからこそ仕事に誇りを持ち、毎日楽しくお仕事させていただいています。

私のInstagramをフォローしてくださっているあなた。
あなたのおかげで、この本を出すことができました。

そして、私を支えてくれている家族、友人、仲間たち、メンターの方々。
いつも、本当にありがとうございます。
おかげで、私はしあわせです。

最後に、この本を手に取ってくださった、あなた。
あなたは、毎日頑張るとても素敵な女性です。
どうか、それを忘れないでくださいね。
あなたの自己肯定感が上がり、しあわせな毎日を送ることができることを心から祈っています。

この本を読んで、「もっともっと自己肯定感を上げて楽に、しあわせになりたい！」と思った人は、ぜひ「服部結子」で検索してみてくださいね。

最後まで読んでくださり、ありがとうございました。

著者紹介

服部結子 （はっとり・ゆいこ）

お仕事女子ストレスケアカウンセラー。メンタル心理カウンセラー、上級心理カウンセラー、幼稚園教諭第二種免許、保育士、社会福祉士の資格を持つ。お仕事女子の自己肯定感を上げ、毎日をラクにするカウンセリングを行う。自身の思いに共感するInstagramのフォロワー数は1年半で6万人超。
自己肯定感が低く、自信がない思春期〜社会人を過ごす。新卒から入社3ヶ月で適応障害になり、カウンセリングを受ける。適応障害が完治してからも、人間関係・恋愛・仕事・家族関係は軒並みうまくいかず、生きづらさを抱えていた。そんな毎日を送る中で、自己肯定感の低い自分に嫌気がさし、「本当はもっとしあわせになりたい！」と、試行錯誤しながら自力で自己肯定感の低さを克服。そして「同じように生きづらさを抱え、仕事に悩む人たちのサポートがしたい」という思いから、カウンセラーになろうと決意し、起業する。カウンセリングを受けた人、メルマガ読者、Instagramのフォロワーからは、「ラクに生きられるようになった」「毎日がすごく楽しい！」「他人を気にしなくなった」「救われた」と喜びの声が毎日届いている。

● Instagram アカウント
@h.yuiko613
● 服部結子公式HP
yuikohattori.com　←「服部結子」で検索

本文デザイン・イラスト／八木美枝

頑張りすぎちゃうお仕事女子の
心をラクにする68のこと　　　　　　　〈検印省略〉

| 2019年　4　月　19　日　第　1　刷発行 |
| 2019年　8　月　5　日　第　3　刷発行 |

著　者——服部　結子 （はっとり・ゆいこ）

発行者——佐藤　和夫

発行所——株式会社あさ出版
〒171-0022　東京都豊島区南池袋 2-9-9 第一池袋ホワイトビル 6F
電　話　03 (3983) 3225 (販売)
　　　　　03 (3983) 3227 (編集)
F A X　03 (3983) 3226
U R L　http://www.asa21.com/
E-mail　info@asa21.com
振　替　00160-1-720619
印刷・製本　(株) 光邦

乱丁本・落丁本はお取替え致します。

facebook　http://www.facebook.com/asapublishing
twitter　http://twitter.com/asapublishing

©Yuiko Hattori 2019 Printed in Japan
ISBN978-4-86667-128-4 C0095